Kleine Gärten ganz groß

Johannes Schuhmann

Kleine Gärten ganz groß

Speziell für kleine Gärten geeignete Pflanzen
Von der Planung bis zur Bepflanzung

AUGUSTUS

Die Deutsche Bibliothek – CIP-Einheitsaufnahme

Ein Titeldatensatz dieser Publikation ist bei der Deutschen Bibliothek erhältlich.

Dieses Buch folgt den Regeln der neuen deutschen Rechtschreibung.

Augustus Verlag, München 2001
© Weltbild Ratgeber Verlage GmbH & Co. KG
Alle Rechte vorbehalten
Umschlaggestaltung: Vera Faßbender, München
Umschlagfotos: Reinhard Tierfotos: vorne, hinten oben, und 3. von oben; Strauß: hinten 2. von oben und unten
Illustration: Svetlana Safronow, Augsburg
Satz und Layout: Gesetzt aus der TheMix Light 10/12 pt von Uhl + Massopust, Aalen
Reproduktion: Uhl + Massopust, Aalen
Druck und Bindung: Offizin Andersen Nexö, Leipzig
Gedruckt auf chlorfrei gebleichtem Papier
Printed in Germany

ISBN 3-8043-7208-2

Bildnachweis

Katharina Adams: Seite 59; Thomas Drexel: Seite 6 oben, 7 oben und unten, 8 unten, 9, 10 beide, 12 beide, 14 unten, 15 alle, 16 unten, 17 unten links, 18 oben, 19, 21, 25, 26, 28, 30, 35, 37 unten, 41, 43, 46, 52, 58, 62 unten, 67 beide, 68 beide, 69, 70 alle, 71 beide, 72, 73 beide, 74 beide, 75, 76 beide, 77, 78, 79 beide, 80, 81 beide, 83, 84 beide, 85 oben, 86, 87, 88, 89 beide, 90 beide, 91, 92 beide, 93, 94 unten, 95, 96, 97 beide, 98, 99 beide, 100, 101 beide, 102, 103, 105 beide, 106, 107 beide, 108, 109 unten, 110, 111 beide, 112, 114 beide, 115, 116, 117, 118 , 119 beide, 120, 121 beide, 122, 123, 124, 125 beide, 126 beide, 127 beide, 128 beide, 129, 130, 133, 134 beide, 135, 136 beide, 137, 138; Frank Hecker: Seite 63, 64, 65, 66, 94 oben; Peter Himmelhuber: Seite 109 oben, 113; Petra Jarosch: Seite 6 unten, 11 oben, 13, 17 unten rechts, 20, 22 oben; Thomas Kunz: Seite 34 oben links; Bildarchiv Gärtner Pötschke: Seite 1, 18 unten, 37 oben, 39, 60 unten; Wolfgang Redeleit: Seite 34 oben rechts, 48, 50, 60 oben, 61, 62 oben, 85 unten, 104; Reinhard Tierfoto: Seite 2, 8 oben, 11 unten, 16 oben, 17 oben und Mitte, 22 unten, 23, 32, 52, 57 oben, 82; Bildagentur Strauß: Seite 57 unten;

Erläuterungen der Piktogramme

 winterhart

 Winterschutz erforderlich

 immergrün

 sommergrün

 rauchhart

 blattzierend

 fruchtzierend

 Blütezeit

 Bienenweide

 Vasenschmuck

 Standort Halbschatten

 Standort Schatten

Standort Sonne

 Bodendecker

 Kletterpflanze

 Wuchshöhe

 pflegeintensiv

 pflegeleicht

 viel gießen

 normal gießen

 wenig gießen

 für Anfänger

 für Spezialisten

 regelmäßiger Schnitt erforderlich

 Giftpflanze

Inhalt

Anleitungen zu Pflanzung und Pflege 124

Kleine Gärten – große Wirkung

Die Gestaltung kleiner Gärten ist ein Thema, das heute besondere Aktualität erlangt hat. Auf immer kleiner werdenden Grundstücken von Reihen-, Doppel- oder Einfamilienhäusern sollen stimmungsvolle und individuell geprägte Gärten angelegt werden. In der Stadt stehen viele Wohnungsbesitzer vor der Frage, wie sie ihren kleinen Innenhof verschönern oder ihre Dachterrasse aufwerten können. Verständlicherweise hat man den Wunsch, auch auf kleinem Raum möglichst viele kreative Ideen unterzubringen und viele erlebnisreiche Situationen zu schaffen, die allen Familienmitgliedern Freude bereiten sollen. Dieses Buch hält zahlreiche kreative und gut umsetzbare Ratschläge bereit, um auf alle Fragen rund um den kleinen Garten vorbereitet zu sein:

- Welche gestalterischen Möglichkeiten habe ich in meinem kleinen Garten?
- Welche Bäume, Sträucher und Stauden eignen sich für kleine Gärten?
- Wie möchte ich ihn nutzen?
- Welche Planung passt zu welchen räumlichen Verhältnissen?
- Mit welchen Kunstgriffen nutze ich den vorhandenen Raum optimal aus?
- Wie konzentrieren wir uns auf das Wesentliche?
- Wie lege ich mir ein Gestaltungskonzept zurecht?
- Wie finden wir unseren persönlichen Stil?
- Wie halte ich meine Ideen zeichnerisch fest, und wie zeichne ich einen Pflanzplan?
- Welche praktischen Aspekte muss ich bei der Pflanzung berücksichtigen?
- Wie pflege ich meinen kleinen Garten richtig?
- Wie erhalte bzw. mache ich neue Pflanzen gesund und attraktiv?

Oben: Dieser idyllische Gartenteich lädt schon an den ersten Sonnentagen des Frühjahrs zum Verweilen und Entspannen ein.

Links: Gelungenes Beispiel einer Bauerngarten-Anlage die durch Einfassungs-Buchs und einen mittig platzierten Buchsstrauch gegliedert wird.

Links: Mohn, Phlox und rankende Wicken verzaubern dieses kleine Garteneck.

Unten: Dieser in Wirklichkeit recht schmale Vorgarten gewinnt optisch an Größe, weil der gepflasterte Weg auf ein Ziel – die mit Buchs umpflanzte Ruhebank – zuläuft.

Der Leser wird von den Vorüberlegungen über die Gartenplanung und die Auswahl der Gehölze und Stauden bis hin zu deren Pflanzung und Pflege begleitet. Zahlreiche Vorschläge für unterschiedliche Grundstücksgrößen, Platzverhältnisse, Nutzungen und Gestaltungsstile erleichtern die Planung für den eigenen kleinen Garten. Ein wichtiger Bestandteil des Buches sind die zahlreichen Planzeichnungen, die als Anregungen und auch ganz praktisch als Vorlagen für den persönlichen kleinen Garten dienen können. Die Vorschläge sind so konzipiert, dass sie ohne Schwierigkeiten auch etwas anderen Grundstücksverhältnissen angepasst werden können. Ebenso ist es möglich, nur einzelne Teile der Planungen herauszugreifen und selber umzusetzen. Es finden sich wertvolle Hilfestellungen und kreative Ratschläge für kleine Gärten von Einfamilienhäusern, Reihen- und Doppelhäusern. Stimmungsvolle Sitzplätze und (Dach-) Terrassen laden zum Verweilen ein, Familien mit Kindern erhalten verschiedene

Tipps für ihren persönlichen Spiel- und Erlebnisgarten, Liebhaber von kombinierten Nutz- und Ziergärten werden sich über die Vorschläge für Bauerngärten freuen. Der Wassergartenliebhaber erfährt, wie aus einem kleinen Grundstück eine abwechslungsreiche Teichlandschaft entstehen kann, der Besitzer eines Schattengrundstücks kann seinen Garten mit Hilfe der Planungsvorschläge weiß erstrahlen lassen.

All diese Beispiele beweisen, dass man auch so genannte Handtuchgärten mit Fantasie und dem nötigen Know-how sehr reizvoll gestalten kann.
Ein praktischer Ratgeberteil für die täglichen Fragen des Garteneinmaleins, ein Literaturverzeichnis und ein nützliches Adressverzeichnis beschließen das Buch.
Doch nun viel Spaß bei der Gestaltung des eigenen Gartens.

Eine fantasievolle, selbst gezimmerte Holzbank vor einen natürlich wirkenden Staketenzaun wird malerisch von Pflanzen „umgarnt".

Sitzplatz mit mediterranem Flair: Feige, Oleander und Engelstrompete sind dankbare Kübelpflanzen, die jede Terrasse schmücken.

Der kleine Garten als Lebensraum

Sinnvoll planen, kunstvoll gestalten und in vollen Zügen genießen

Stimmungsvolles Plätzchen zwischen Ahorn und Buchshecke mit sorgsam gewähltem Mobiliar.

Kleine Gärten so zu planen und zu gestalten, dass sie hinterher die Erwartungen aller Familienmitglieder erfüllen können, ist keine ganz einfache Aufgabe; dennoch können bei entsprechender Vorbereitung auch auf begrenztem Raum traumhafte Gartensituationen für die unterschiedlichsten Wünsche und Geschmäcker entstehen. Wie das geht, zeigen die Anleitungen im folgenden Kapitel. Werden all diese Tipps beherzigt, kann eigentlich kaum noch etwas schiefgehen. Wichtig sind vor allem ein nach den perönlichen Vorlieben gestaltetes Grundkonzept (z. B. Bauerngarten oder Teichgarten), die bewusste Beschränkung auf Wesentliches, eine wohl durchdachte Planung, das Wissen um das Zusammenspiel der Farben, Formen und Gestaltungselemente sowie ein wenig Grundwissen, um seine Ideen auch zu Papier bringen und umsetzen zu können.

Der Genussgarten für die ganze Familie

Es gab einmal Zeiten, als Gärten von Privathäusern vornehmlich der Eigenversorgung mit Lebensmitteln dienten. Viele werden von ihren Eltern oder Großeltern noch die Überreste der alten Siedlergärtlein kennen, in denen Obstbäume und

Gemüsebeete das Bild dominierten. Später entstand die Tendenz, den Garten zu modernisieren, das heißt häufig mit mehr oder weniger zufällig ausgewählten Koniferen zu bestücken. Im Gegensatz zu solch meist eher reizlosen und erlebnisarmen Gärten möchte der Gartenliebhaber heute den Garten genießen, sich dort vom Stress des Alltags entspannen, mit Familie und Freunden plaudern und sich an den Blüten, Früchten und dem Duft der Pflanzen erfreuen. Die Farbenfülle und das Aroma duftender Rosen, Zitruspflanzen und Duftpelargonien macht den Sitzplatz erst wirklich zum Erlebnis. Gleichzeitig suchen auch die Kinder Spaß und Erlebnisse im kleinen Garten, in dem sie ja auch ihre Fantasie ausleben sollen. Baumhäuser, Gartenschiffe, überwachsene Höhlen, Kletterhügel und vieles mehr geben mannigfaltige Anregungen für den eigenen Spaß- und Spielgarten.
Ein Garten, der etwas für Auge und Sinne bietet, muss natürlich gut geplant werden, damit hinterher nicht alle enttäuscht sind. Aber keine

Angst, in diesem Buch finden sich vielfältige Anregungen und praktische Anleitungen für jeden Geschmack und nahezu jeden Gestaltungswunsch, damit Sie Ihren persönlichen Erlebnisraum im Freien optimal gestalten können.

Vom Fleckchen Erde zum kleinen Paradies

In kleinen Gärten muss die Planung besonders sorgfältig ausgeführt werden, da hier für alle Wünsche, Pflanzenvorlieben und Nutzungsansprüche eben nur sehr wenig Platz zur Verfügung steht. Man sollte nicht nach dem Motto vorgehen „das bisschen Garten bringen wir schon irgendwie hin", sondern im Gegenteil besonders großen Wert auf gewissenhafte Gestaltung legen. Diese Aufgabe können kreative Menschen anhand der folgenden Anleitungen natürlich durchaus selber in Angriff nehmen.
Fühlt man sich dem nicht ganz gewachsen oder steht für detaillierte Gartenplanung einfach nicht ausreichend Zeit zur Verfügung, sollte der Rat eines Gartenarchitekten gesucht werden. Gute Gartengestalter empfinden gerade die Planung auf kleinem Raum als herausfordernde Aufgabe und werden einen solchen Auftrag im Normalfall sicherlich gerne annehmen.
Für die Ausführung der Arbeiten – Bodenvorbereitung, Pflanzen, Pflanzschnitt, Stein- und Pflasterarbeiten etc. – können, wenn die eigene Arbeitskraft und Fachkenntnis nicht ausreichen, Baumschulen sowie Garten- und Landschaftsbaubetriebe zugezogen werden. Für engagierte Hobbygärtner liefern die Praxistipps am Ende dieses Buches wertvolle Hilfestellungen und Anleitungen zum Selbermachen.

Oben: Ein Garten sollte Kindern vielfältige Möglichkeiten zum Spielen und Austoben bieten.

Rechts: Süßes Erlebnis: Die ganze Familie wartet auf das Reifen der kleinen Cocktail-Tomaten.

Links: Durch Rankbögen für Kletterpflanzen – hier Geiss-blatt und Clematis – wird der knappe Platz optimal genutzt und es entstehen spannungs-volle Blickbezüge.

Unten: Triumph der Einfach-heit: Mit Raureif bedeckter Efeu zwischen alten Baum-stämmen.

Der kleine Garten mit Konzept

Zu Beginn gilt es, sich ein genaues Konzept zurechtzulegen. Zu diesen grundsätzlichen Vorüberlegungen gehört die Entscheidung über die beabsichtigten Nutzungen und den gewünschten Gestaltungsstil. Beide stehen in direkter Abhängigkeit zu den vorgegebenen räumlichen Ver-hältnissen, wie sie kleine Einfami-lien-, Doppel- oder Reihenhaus-gärten, Innenhöfe und Terrassen aufweisen.
Abgesehen von einigen spezifischen Gartentypen, wie etwa dem großzü-gig angelegten Landschaftsgarten, lassen sich nahezu alle Stilrichtun-gen auch auf kleinem Raum ver-wirklichen. Bestimmte Nutzungen,

wie etwa ein Garten zum Spielen, erfordern sicherlich eine gewisse Mindestgrundfläche, können gut geplant aber auf erstaunlich klei-nem Raum verwirklicht werden (siehe hierzu auch die Seiten 30 – 34).

Bescheidung als Gestaltungsprinzip

Die Gestaltung verfolgt im Idealfall stets das Ziel, aus dem Garten eine Einheit zu machen; jede Pflanze und jedes Gestaltungselement sollte aus einem besonderen Grund an seinem Platz stehen. Das Geheimnis einer gelungenen Planung liegt in ihrer natürlichen Wirkung und ihrer Einfachheit. Ein Zuviel nimmt oft eher etwas von der Wirkung, lässt die einzelnen Bestandteile der Anlage nicht richtig zur Geltung kommen und kann zudem die Aufmerksamkeit von den wichtigsten auf eher nebensächliche Merkmale ablenken. Insofern bietet gerade der kleine Garten die Möglichkeit, durch die notwendige Beschränkung auf das Wesentliche zu besonders gelungenen Lösungen zu kommen. Dies gilt unter anderem für die Pflanzplanung; gerade in kleinen Gärten sollte man nicht der Versuchung erliegen, zu viele verschiedene Gewächse anzupflanzen. Oft geschieht dies, um das Jahr über möglichst viele verschiedene Blüten genießen zu können. Aber wenn etwa von jeder Staude nur ein Exemplar gepflanzt wird, geht dies zu Lasten der gestalterischen Wirkung, die – wie etwa in impressionistischen Gemälden – von größeren farbigen Flächen und deren Beziehung zueinander geprägt wird. Entscheiden Sie sich daher lieber für eine Gruppe mit drei oder fünf Exemplaren und verzichten sie auf Pflanzen, die Ihnen weniger wichtig sind!

Die Entdeckung der Langsamkeit: gute Planung braucht Zeit

Kaum weniger entscheidend als die Selektion der Pflanzen und Gestaltungswünsche ist es, sich genügend Zeit für genaue Vorüberlegungen zu nehmen. Verständlicherweise möchte man möglichst schnell sich prächtig entfaltende und blühende Sträucher und Bäume vor Augen haben, aber eine vernünftige Pflanzplanung entsteht nicht über Nacht. Wenn Sie sich einige Wochen Planungs- und Überlegungsfrist gönnen, werden Sie für Ihre Geduld reich belohnt! In größeren Gärten mag ein etwas langweiligeres oder

Links: Das Kaukasus-Vergissmeinnicht und die Chinesische Goldrose *(Rosa hugonis)* sind ideale Blütenpartner.

Unten: Harmonie in Pastelltönen: Margeriten, Türkenmohn und Lupinen (von vorne nach hinten) fügen sich zu einem perfekten impressionistischen Bild.

uninspirierteres Ecklein nicht so sehr ins Gewicht fallen, aber auf kleinem Raum ist bei überhasteter Planung und Anlage schnell der ganze Garten verdorben.

Die Magie der Farben

Die Farben der Blüten, aber auch der Früchte, Blätter und Rinden, sind entscheidende Kriterien für den Erfolg einer Gartenplanung. Wenn etwa zwei Pflanzen – die für gutes Gedeihen dieselben Standortansprüche mitbringen sollten – wegen der Farbharmonie zusammen gepflanzt wurden, wird man enttäuscht sein, wenn sie zu völlig unterschiedlichen Zeiten blühen. Der einfallsreiche Umgang mit den Farben zählt zu den schwierigsten Kapiteln des Garteneinmaleins. Kleine Gärten fordern hier wiederum ein hohes Maß an Beschränkung auf wenige, aber gehaltvolle farbliche Leitmotive.
Grundlage des Erfolgs sind Grundkenntnisse über Farbharmonie und Farbkontraste. Die drei Grundfarben Rot, Gelb und Blau heißen auch Primärfarben, da aus ihnen jede belie-

bige andere Farbe gemischt werden kann. Sie bilden starke Gegensätze, weil sie keine gemeinsamen Farbanteile aufweisen. Die jeweils dazwischen liegenden Farben Grün, Orange und Violett kontrastieren zwar auch miteinander, harmonieren demgegenüber aber aufgrund identischer Farbanteile im Garten gut. Dies gilt auch für beliebige andere „Dreieckskombinationen". Am besten legt man sich einen Farbenkreis und eine Dreiecksschablone zurecht, bevor es an die konkrete Pflanzplanung geht.

Zwei komplementäre Farben stehen sich auf dem Farbenkreis genau gegenüber, das heißt, sie bilden einen starken Kontrast (z. B. Gelb und Violett, Orange und Blau, Rot und Grün). Dennoch können Kombinationen komplementärer Farbtöne im Garten hervorragende Wirkungen erzielen. Bei den Stauden ist eine der besten und häufig zu sehenden Kombinationen die Zusammenpflanzung von violettblauem Salbei und gelber Schafgarbe. Als gelungene Kombination eigentlich nicht harmonierender Farben kann beispielsweise auch die Vergesellschaftung von kräftig zinnoberroten Rosen mit hell- bis dunkelblauviolettem Salbei oder Perovskien gelten. Dagegen können sich eigentlich harmonierende Farben mit gemeinsamen Gelbanteilen im Eindruck regelrecht „beißen", so etwa Orange und zinnoberrote Farbtöne.

Farben richtig kombinieren

Eine immer sehr schöne Farbwirkung erzielt man mit der Kombination verschiedener abgetönter Farben (z. B. ein rosa überhauchtes Weiß und ein helles Blauviolett, Cremeweiß und Hellrosa). Gewissermaßen die Steigerung letzterer Variante wären dann so genannte monochrome Farbwirkungen, bei denen nur Pflanzen mit einem Farbton kombiniert werden.

In der Praxis entsteht die jeweilige Farbe aus dem Farbton, wie er im Farbenkreis erscheint (der „vollen Farbe"), der Farbhelligkeit (dem Lichtreflexionsvermögen der Farbe) und der Farbsättigung (Farbreinheit). Anteile von Weiß oder Grau verringern den Sättigungsgrad, der Farbeindruck wird „pastelliger". Der so genannte Farbton ergibt sich aus dem Helligkeits- und dem Sättigungsgrad zusammen.

Ferner hängt die Wirkung der Farben auch vom gepflanzten und gestalteten Umfeld ab. Die gleiche Farbe erscheint in ihrem Eindruck sehr unterschiedlich, je nachdem ob etwa die Pflanze vor dem dunkelgrünen Blattwerk eines Kirschlorbeers oder vor einer roten Backsteinmauer steht.

Der Garten sollte immer auch ein Erlebnis für die Sinne sein. Vor der

Herbstliches Arrangement mit Erika, den Blättern des Wilden Weins und Chrysanthemen.

Auswahl der Farben gilt es deshalb, auch die damit jeweils verbundenen psychologischen Wirkungen und die dadurch hervorgerufenen Stimmungen zu berücksichtigen. Dies gilt besonders dann, wenn großflächige monochrome Farbteppiche entstehen sollen. So wirkt Blau eher kühl und beruhigend, Gelb warm und heiter, Rot anregend. Weiß verbindet seinerseits die beruhigende mit der belebenden Wirkung. Natürlich kommt es auch

hier auf die Farbnuancierung an, denn ein Cremeweiß wirkt immer wärmer als ein hartes Weiß.

Fruchtige Akzente in der kalten Jahreszeit

Im Herbst, wenn die meisten Blüten längst verblasst und verschwunden sind, treten die Früchte in den Mittelpunkt. Sie helfen dem Gartengestalter dabei, das Gartenerlebnis so weit wie möglich in die kalte Jahreszeit hinein zu verlängern. Viele Früchte haften bis in den Winter an den Zweigen und setzen im Weiß des Schnees wunderschöne Farbakzente.

Die meisten Wildgehölze und die Mehrzahl der einmal blühenden Strauchrosen tragen attraktiv gefärbte Früchte. Insbesondere bei Wildrosen entwickeln sich aus den Blüten zahlreiche orangefarbene bis rote Hagebutten, die höchst unterschiedliche Größen und Formen aufweisen. Die Früchte von *Rosa rugosa* sind groß und dick, die von *Rosa rubiginosa* schmal-länglich und flaschenförmig, während aus

den zahlreichen kleinen weißen Blüten von *Rosa multiflora* viele rote Kügelchen entstehen. Die mit roten Beeren besetzten Zweige der Stechpalme *(Ilex)* werden mancherorts als traditioneller Weihnachtsschmuck verwendet. Viele Wildsträucher mit roten Beeren lassen sich hervorragend mit den Zweigen der immergrünen Kiefer oder Fichte kombinieren, sodass ein schöner „weihnachtlicher" Rot-Grün-Kontrast ensteht.

Kreatives Spiel mit Blättern und Rinde

Ebenso reizvoll wie die Harmonie von Blüten können die Wirkungen sein, die sich aus der Kombination von Pflanzen mit bemerkenswertem Blattkleid ergeben. Auch hier lassen sich zahlreiche kreative Pflanzengemeinschaften schaffen. Besonders wichtig für den Garten werden die Blätter im Herbst, wenn sich viele Bäume und Sträucher gelb, orange und rot verfärben und somit gestalterisch an die Stelle des stark zurückgehenden Blütenflors treten.

Oben: Die zahlreichen Hagebutten von *Rosa canina* und anderen Wildrosen schmücken den Garten für lange Zeit.

Rechts: Dieser romantische Innenhof wurde im Gehbereich mit Granit-Großsteinpflaster, rechts mit Granit-Trittplatten belegt. So kann Gras gedeihen, der Bereich aber gleichzeitig als Sitzplatz – etwa für Gartenfeste – genutzt werden.

Rechts: Organisch geschwungene Wege machen kleine Gärten erlebnisreicher. Ein üppig blühender Saum aus Frauenmantel verstärkt die Wirkung.

Ganz rechts: Ein hervorragend gestaltetes Garteneck mit Trittsteinen, Treppenstufen und niedrigen Terrassenmäuerchen aus unterschiedlichen Natursteinen.

Unten rechts: Eine sehr stilvolle Kombination aus weißem Kleinstein-Pflaster und senkrecht verlegten Backsteinen.

Eine gute Möglichkeit, mit Blattformen zu spielen, bietet die Kombination ähnlicher Blattformen unterschiedlicher Größe, wie sie etwa bei Alchemilla mollis (Frauenmantel) und dem Tafelblatt (Rodgersia tabularis) anzutreffen sind. Ebenfalls sehr reizvolle Wirkungen entstehen, wenn man Pflanzen mit völlig verschiedenen Blattformen, etwa breiten handförmigen und langen lanzettlichen Blättern, zusammenpflanzt. Auch Partner mit glänzendem und mattem oder aber hell- und dunkelgrünem Blattwerk schaffen zurückhaltende, dadurch aber um so wirkungsvollere Gestaltungsakzente.

Gehölze mit einer attraktiven Rinde sind in kleinen Gärten besonders wichtig, da sie dort leicht zum Mittelpunkt der Gestaltung werden. Die malerischen Korkleisten des Flügelspindelstrauchs ziehen auch dann noch die Blicke auf sich, wenn das Herbstfeuerwerk seiner Blätter vorüber ist. Die malerische graue Farbe der Perovskienzweige harmoniert wunderbar mit dem Weiß des Schnees. Die Triebe des

Ginsters, des Färberginsters und des Winterjasmins bleiben das ganze Jahr hindurch grün; auch der Hartriegel (*Cornus stolonifera* 'Flaviramea') ist mit seiner intensiv gelblich-grünen Rinde in der winterlichen Gartenlandschaft ein Blickfang.

Gliedernde Elemente: Pflaster und Wege

Wege und Pflasterflächen stellen in der Planung eines kleinen Gartens gewissermaßen die Leitlinien der Gestaltung dar, an denen sich die Anlage der Beete bzw. die Positionierung der Pflanzgefäße und der übrigen Gestaltungselemente orientiert.

Die Gestaltung der Wege und Flächen sollte sich stets am stilistischen Gesamtkonzept des Gartens ausrichten; die Wegeführung eines geometrischen Gartens wird sehr streng sein, während in naturnahen Gärten organische Formen überwiegen. Auch die für die Wege verwendeten Materialien spiegeln den

Charakter des Gartens und die Funktion seiner Teilbereiche wider: Sitzplätze in Hausnähe werden meist gepflastert, weiter entfernte Wege können aufgekiest oder auch nur durch gemähte Spuren in einer Blütenwiese abgegrenzt werden. Die Auswahl der Materialien hängt letztlich vom persönlichen Geschmacksempfinden ab; Backsteine, Natursteine (z. B. Granit, Porphyr, Kalkstein), Bachkiesel und Kiesbelag sind gegenüber Betonsteinen aufgrund ihres natürlichen und wertigeren Charakters zu bevorzugen. Für den Außenbereich ist in unseren Breiten absolute Frosthärte not-

Rechts: Inmitten von Immergrünen wacht diese Steinfigur.

Unten: Das kleine Becken wird
durch ein Wasserrohr aus
Bambus gespeist – ein Gestal-
tungsbeispiel, das nicht nur
für Gärten im japanischem
Stil zu empfehlen ist.

wendig. Zunehmender Beliebtheit erfreuen sich frostbeständige Platten aus Terrakotta, die insbesondere im toskanischen Impruneta in sehr guter Qualität gefertigt werden. Gleich, welche Belagsart man wählt, sie sollte möglichst nur im Kies- oder Sandbett, nicht in Estrich verlegt werden. Die Fugen sind entsprechend mit Sand oder feinem Kies zu verfüllen. So lässt sich der gewünschte natürliche Charakter am besten erreichen, das Niederschlagswasser kann versickern und

Grün zwischen den Platten gedeihen. Gekieste Flächen müssen aber ebenso wie gepflasterte mit einem entsprechenden Unterbau versehen werden, um die nötige Trittfestigkeit zu gewährleisten.

Blickfänge schaffen mit Gestaltungselementen

Bilden Wege und gestaltete Flächen die Leitlinien der Gestaltung, so setzen gestaltende Elemente gleichsam die Akzente. Gezielte, sparsam eingesetzte Blickfänge auf dem Mittelpunkt von Plätzen oder am Ende von Weg- und Blickachsen lassen sich zunächst einmal sehr gut mit Pflanzen schaffen; hierzu eignen sich insbesondere Gehölze mit regelmäßigem Wuchs. Bäume mit kugelförmiger Krone wie Rosenhochstämmchen oder Kugelahorn können dazu ebenso eingesetzt werden wie Pflanzen mit säulenförmigem Habitus, etwa die Säuleneibe und der Säulenwacholder. Alternativ kann zum Beispiel am Kreuzungspunkt der Wege im klei-

nen Bauerngarten eine alte, auf steinerner Säule postierte Sonnenuhr ihren Platz finden, an anderer Stelle macht ein sanft plätscherndes Wasserbecken aus Stein auf sich aufmerksam. Oft genügt auch schon eine sorgsam platzierte und liebevoll umpflanzte Sitzbank aus Holz oder Stein, die am Ende eines Weges steht, um den Blick in die gewünschte Richtung zu lenken. Rankbögen und Laubengänge erzeugen Durchblickssituationen, die die Raumwirkung stark beeinflussen, die Anlage insgesamt interessanter machen und zudem eine Raumtiefe erzeugen, die in Wirklichkeit gar nicht vorhanden ist.

Den Platz optimal nutzen: Gestalten mit Zäunen und Mauern

Steht für die Verwirklichung aller Gartenträume ohnehin schon wenig Platz zur Verfügung, müssen alle vorhandenen Pflanzflächen bestmöglich mit in die Gestaltung einbezogen werden; dies gilt auch

Links: Eine gute Idee: Hier dienen Flechtzäune zur Abgrenzung von Räumen und Beeten.

Mitte rechts: Eine gute Alternative – fertig zu kaufende Rankgerüste aus Holz.

Unten rechts: Überwachsene Mauern oder Gerüste bilden oft reizvolle Durchblicke.

Unten links: Die Kletterrose 'Tausendschön' und die Strauchrose 'Wilhelm' in perfektem Gleichklang.

für die senkrechten Flächen, die bei der Planung kleiner Gärten oft stiefmütterlich behandelt werden. Staketenzäune bieten den meisten Kletterpflanzen Halt und ermöglichen in recht kurzer Zeit das Entstehen grüner und reich blühender „grüner Wände". Richtige Mauern aus Back- oder Natursteinen kön-

nen, wenn sie unvermörtelt ausgeführt sind, in ihren Fugen vielen Trockenheit liebenden (Steingarten-) Pflanzen Raum zur Entfaltung bieten. Erlaubt es die Statik, kann man beim Aufmauern auch einige Steine aussparen, um den Stauden mehr Platz zu lassen. Oder man schafft durch eine besonders große

Aussparung ein begrüntes Fenster nach draußen.

Selbstverständlich kann man auch verfugte und verputzte Mauern mit selbstklimmenden Pflanzen bewachsen lassen oder nicht selbstklimmenden Gehölzen durch Klettergerüste und Spanndrähte Hilfestellung geben (zum Thema Kletterpflanzen siehe auch Seite 108).

Klein, aber oho: die richtigen Pflanzen für beengte Verhältnisse

Ein wichtiger Baustein ist die genaue Vorauswahl der in Frage kommenden Pflanzen nach ihrer Wachstumsentwicklung. Größere Bäume und Sträucher, die über 10 m Höhe erreichen und zudem noch recht breit werden, können in bescheiden dimensionierten Anlagen bis etwa 200 m² Fläche grundsätzlich nur im Ausnahmefall eingesetzt werden – es sei denn, man will einen Schattengarten anlegen! Ein großer Baum kann dann in kleinen Gärten Platz finden, wenn er die Belichtung der Innenräume des Hauses nicht beeinträchtigt.

Neben dem Höhen- muss stets auch das Breitenwachstum der Pflanzen einkalkuliert werden, denn eine Reihe von Gehölzen braucht nach der Seite ebenso viel oder sogar mehr Platz als nach oben. Soll ein unverzichtbares Lieblingsgehölz mit größerem Platzbedarf unbedingt im Garten aufgenommen werden, wird man zumeist auf andere Sträucher oder Bäume verzichten müssen. Allerdings ist zu berücksichtigen,

Oben: Der Flügelspindelstrauch *(Euonymus alatus)* ist wegen seiner Blattfärbung, seiner Rinde und seines zurückhaltenden Wachstums für kleine Gärten prädestiniert.

Rechts: Für den kleinen Garten eignen sich nahezu alle Rosensorten.

Die Frucht der ursprünglich aus Mittelasien stammenden Apfelquitte *(Cydonia oblonga)*. Sie bevorzugt mildes Klima.

dass viele größere Gehölze auch als Hecken gezogen werden können und dann bedeutend weniger Platz benötigen, als dies bei frei wachsenden Exemplaren in Einzelstellung der Fall ist. Als Heckenpflanzen für kleine Gärten kommen unter den höher wachsenden Bäumen und Sträuchern besonders Rot- und *Weißbuche (Fagus sylvatica/Carpinus betulus)* und Eibe *(Taxus baccata)* in Betracht.

Rosen & Co.

Grundsätzlich machen sich Rosen in kleinen Gärten immer gut. Bedingung sollte jedoch sein, dass für gute Besonnung und ausreichende Luftbewegung gesorgt ist, damit insbesondere veredelte Rosen keinen Mehltau bekommen. Für die Begrünung von Sträuchern und senkrechten Flächen können Kletterpflanzen sorgen: Besonders Clematis wirken sowohl mit Kletter- als auch mit Strauchrosen wunderbar zusammen. Für kleine Gärten greift man am besten auf schwach wachsende Arten und Sorten, etwa

Clematis alpina und die meisten großblumigen Hybriden, zurück. Alternativ kommen auch schwach wachsende Geißblätter wie *Lonicera x heckrottii* und die schattenverträgliche, immergrüne *Lonicera x henryi* in Betracht. Für naturnahe und Bauerngärten empfiehlt sich insbesondere die Brombeere oder auch einjährige Pflanzen wie die Kapuzinerkresse und die Wicke. Der Echte Wein ist ein wunderbarer Begleiter an Sitzplätzen, aber er bedarf der regelmäßigen Pflege und eines jährlichen fachgerechten Rückschnitts. Die Tabellen auf Seite 139 weisen den weiteren Weg zur richtigen Gehölzauswahl in kleinen Gärten.

Mit dem richtigen Standort zum Traumgarten

Bei der Auswahl bzw. dem Kauf der Pflanzen ist stets zu berücksichtigen, dass nur Gewächse mit ähnlichen Standortanforderungen (Boden, Klima, Besonnung) langfristig gut zusammen gedeihen.

Ansonsten beginnt bald einer der Partner zu kümmern, die Pflanzengemeinschaft bricht auseinander. Es muss bedacht werden, welche Pflanzen für den jeweiligen Gartentyp und dessen Klima- und Bodenverhältnisse in Frage kommen.

Mildes Mikroklima im kleinen Garten

Eine besondere Chance bieten bestimmte kleine Gärten nicht zuletzt dann, wenn es um die Ansiedlung empfindlicher Gewächse geht, die in freier Lage oftmals starke Frostschäden davontragen. Im Schutz eines warmen Innenhofs oder einer vor kalten Winden abschirmenden Mauer können durchaus auch Feigen, Aprikosen und Pfirsiche in den Boden gepflanzt werden. Für Wärme liebende Pflanzen ist aber eine ausreichende Besonnung von großer Bedeutung, die vor allem in kleinen Innenhöfen nicht immer gewährleistet ist.

Kleine Gärten selber planen

Als Planungsgrundlage sollte man zunächst einmal einen Plan des Grundstücks beschaffen oder dieses neu ausmessen. Das erweist sich besonders bei kleinen Flächen als hilfreich oder gar notwendig, da es hier noch weit stärker als bei großen Gärten auf die richtige Gestaltung der Einzelheiten und die systematische (nicht einförmige!) Anordnung der Pflanzen ankommt. Die beim Ausmessen gewonnenen Maße sind dann in die Zeichnung zu übertragen, wobei die Außen-wände des Hauses, die Grundstücksgrenzen und der gesamte Bestand an Mauern und anderen Abgrenzungen, versiegelten oder gepflasterten Flächen, vorhandenen Gehölzen und Beetflächen berücksichtigt werden muss. Es empfiehlt sich, von diesem Bestandsplan einige Papierkopien anzufertigen, um verschiedene Planungsvarianten festhalten zu können. Als Abbildungsmaßstab sollte man mindestens 1:50 wählen, sodass alle Details problemlos einzutragen und abzulesen sind. Klarheit lässt sich auch dadurch schaffen, dass man verschiedene Farben verwendet (etwa Schwarz für den gesamten

Rechts: Was hier nach natürlichem Wachstum aussieht, ist guter Planung, sorgfältiger Standortwahl und regelmäßiger Pflege zu danken.

Unten: Durch Wege, Mäuerchen und Beetabgrenzungen werden hier die einzelnen Gartenbereiche gekonnt voneinander abgegrenzt.

Bestand, grün für neue Pflanzen, Rot für Mauern, Einfassungen und Pflasterflächen, Blau schraffiert für Wasserflächen). Bei der Auswahl der Farbtöne ist darauf zu achten, dass die Linien auch auf der Schwarzweißkopie noch deutlich zu erkennen sind.

Beschriftungen werden möglichst außerhalb der Darstellung am Blattrand oder in einer separaten Legende eingetragen, von der mittels fortlaufenden Nummern auf die Planinhalte und die vorgesehenen Pflanzen verwiesen werden kann. Dies empfielt sich ganz besonders bei Staudenpflanzungen, denn hier kann bei unübersichtlicher Beschriftung leicht ein schwer lesbares Durcheinander entstehen. Mauern oder andere kompliziertere Gestaltungselemente sollten immer zusätzlich in der Ansicht und im Schnitt gezeichnet und bemaßt werden, um bei der Ausführung keine Fehler zu machen.

Gartenanlagen planen und zeichnen – Schritt für Schritt

1. Anregungen sammeln – im Botanischen Garten, beim Besuch einer gut sortierten Baumschule, auf Reisen und Ausflügen, bei der Lektüre von Gartenbüchern ... – und diese schriftlich festhalten.

2. Eine „Wunschliste" aufsetzen – welche Pflanzen und Pflanzenkombinationen haben es uns angetan, was wollen wir unbedingt haben, worauf können wir am ehesten verzichten?

3. Welchen Gartentyp und welchen Gartenstil wollen wir gerne verwirklichen (z. B. gemütlicher Sitzplatz mit blühenden Kübelpflanzen, begrünter Innenhof, Schattengarten, mediterraner Garten, blühender Balkon, Bauerngarten, Wassergarten, geometrischer Garten, Naturgarten, Spiel- und Familiengarten etc.)?

4. Konkretisierungsphase: Welche unserer Vorstellungen können wir unter den gegebenen Standortbedingungen (Boden, Sonnenschein, Temperatur, Luftfeuchtigkeit) und bei den vorhandenen Platzverhältnissen in die Tat umsetzen? Jetzt ist auch der richtige Zeitpunkt, sich von Lieblingspflanzen zu „trennen", die im kleinen Garten auf Dauer zu groß und ausladend werden und das Gedeihen anderer beeinträchtigen.

5. Plan des Grundstücks beschaffen oder/und vorhandenen Bestand neu vermessen. Ein Maßband mit Kurbel leistet hierbei wichtige Dienste. Die Vermessung muss zentimetergenau erfolgen, um die verschiedenen Gestaltungselemente und Beete im exakt richtigen Abstand anordnen zu können.

6. Farbschlüssel festlegen – am besten jeweils eine Farbe a) für bestehende und b) für geplante Bauteile, Wege, Pflasterflächen, Becken und andere feststehende Teile sowie für vorhandene Pflanzen, c) für geplante Pflanzen sowie d) (bei großem Maßstab) für weitere Informationen (z. B. Wasserflächen).

7. Alle Maße (am besten auf Millimeterpapier) übertragen – dabei auch nicht im Plan verzeichnete Informationen (z. B. Terrassenflächen, Wege, Lage von Gullideckeln etc.) eintragen; Plangrundlage mehrmals kopieren (mindestens auf das Format DIN A3).

8. Gewünschte Pflanzen, Beeteinfassungen, Wege, Pflasterflächen etc. eintragen – ggf. colorieren.

9. Bei Unsicherheit über Pflanzen (bezüglich etwa Blütenfarbe, Blütezeit, Standortansprüchen) die in diesem Buch enthaltenen Tabellen, weiterführende Literatur (z. B. BdB-Handbücher, siehe Literaturverzeichnis) oder die Baumschule/Staudengärtnerei des Vertrauens konsultieren!

9. Entscheidungsphase: Behalten wir den Überblick oder ist die Gartenplanung für unsere Kenntnisse zu schwierig? Falls zu komplex, Konzept entschlacken und sich auf weniger anspruchsvolle Lösungen und bekannte Pflanzen beschränken oder Landschaftsarchitekt(in) beauftragen!

10. Bei weiterer Eigenregie: Aus verschiedenen Entwürfen endgültigen Pflanzplan erstellen, nach dem dann die Beete und Wege angelegt und die Pflanzen arrangiert werden. Obgleich die beim Kauf geringe Größe von Stauden und Gehölzen zu enger Pflanzung verleitet, sollte auf ausreichende Abstände geachtet werden. Wenn bereits am Anfang alles vollgepflanzt wirkt, wird man später wieder vieles entfernen müssen.

Links: Reizvolles Fassadengrün und Wassergarten – die üppig begrünte Hauswand und das stimmungsvolle Seerosenbecken bilden eine höchst stimmige kleine Gartenecke.

Rechts: Eine Kräuterspirale als Blickfang.

Für jeden Garten die passende Lösung

Mit kreativen Gartenideen zum persönlichen Garten.

Typische Bauerngarten-Pflanzen sind Johannisbeeren, Ringelblumen und Boretsch.

Auch die begabteste Gärtnerin und der engagierteste Gärtner sehen sich am Beginn der Planung vor die Frage gestellt, wie sich die eigenen unzähligen Ideen, Pflanzenwünsche und denkbaren Gestaltungsdetails zum persönlichen Traumgarten verschmelzen lassen. Hierfür bieten die folgenden 24 Planungsvorschläge wertvolle Hilfestellung. Ob für das Einfamilien-, Doppel- oder Reihenhaus, ob für erlebnisreiche Familiengärten, ob für Dachgarten oder Balkon, stimmungsvolle Sitzplätze, einen Bauern- oder Teichgarten, Schattengarten oder mediterranen Garten finden sich Anregungen für jede nur denkbare Situation. Natürlich kann man auch Teile herauspicken und zu einem neuen, eigenen Ganzen kombinieren. Genaue Angaben zum Planungskonzept und den Ansprüchen der Pflanzen garantieren, dass die Umsetzung im eigenen Garten nicht zur Hexerei wird.

Ums Eck geplant: Ein kleiner Garten am Einfamilienhaus

Mit der Fläche der heute ausgewiesenen Baugrundstücke nimmt auch die Größe der Einfamilienhausgärten ab, wenn auch im Vergleich mit Reihen- und Doppelhausgärten nach wie vor noch deutlich mehr Fläche zur Verfügung steht. Nur auf dem Land, wo die Baupreise günstiger ausfallen, und bei Altbauten mit großen Gärten kann der Gartenplaner seiner Fantasie noch weitge-

hend freien Lauf lassen; im Normalfall steht auch der Besitzer eines Einfamilienhauses vor dem Problem, wie er seine zahlreichen Gestaltungs- und Nutzungswünsche auf relativ kleinem Grund unterbringen kann.

Die Abbildung auf Seite 24 zeigt einen Einfamilienhausgarten mit etwa 200 m² Fläche. Für den Fall, dass der eigene Garten noch kleiner ist, kann dieser Vorschlag auch durch Weglassen einzelner Elemente weiter „verschlankt" werden. Durch Verkleinerung der Rasenfläche lässt sich dies am einfachsten bewerkstelligen. Alternativ

besteht auch die Möglichkeit, Partien kleiner auszuführen oder nur einzelne Teile, etwa Beetsituationen, herauszugreifen.

Geometrie und Natürlichkeit

Grundprinzip der Anlage ist die Verschmelzung von geometrischen Formen und natürlicher Wirkung. Die auf drei Seiten an der Grundstücksgrenze umlaufende, halbhohe Hainbuchenhecke fasst die räumliche Gesamtsituation. Die Anlage der Beete und Wege ist dem

Pflanzschlüssel für den Einfamilienhaus-Garten:

1 Kugelahorn (*Acer platanoides* 'Globosum')
2 Immergrüner Spindelstrauch (*Euonymus fortunei* 'Vegetus')
3 Kugelrobinie (*Robinia pseudoacacia* 'Umbraculifera')
4 Säulen-Eibe (*Taxus baccata* 'Fastigiata')
5 Hibiskus (*Hibiscus syriacus* 'Woodbridge')
6 Robinie (*Robinia hispida* 'Macrophylla')
7 Perovskie (*Perovskia abrotanoides*)
8 Ölweide (*Elaeagnus angustifolia*)
9 Pfeifenstrauch (*Philadelphus coronarius*)
10 Rose 'Heritage'
11 Buchsbaum (*Buxus sempervirens* 'Arborescens')
12 Einfassungs-Buchsbaum (*Buxus sempervirens* 'Suffruticosa')
13 Heiligenblume (*Santolina chamaecyparissus*)
14 Feige (*Ficus carica*)
15 Schattenstauden-Beet mit Wurmfarn (*Dryopteris filix-mas*), Geissbart (*Aruncus sylvester*) und Funkien (*Hosta sieboldiana*)

rechten Winkel verpflichtet und verleiht der Planung Geschlossenheit. Die um das Haus führenden Erschließungswege sind an den Abzweigungspunkten auf der Straßenseite durch niedrig bleibende Kugelahorn (*Acer platanoides* 'Globosum') markiert, die zudem auch die Garageneinfahrt flankieren; zu beiden schmalen Seiten der Gartenterrasse wurden statt der Ahorne ebenfalls niedrig bleibende Kugelakazien (*Robinia pseudoacacia* 'Umbraculifera') gewählt. Beete mit geschnittenem Immergrünem Spindelstrauch (*Euonymus fortunei* 'Vegetus') umfassen die Wege. Zwischen Wegen und Haus wurden Rabatten mit Schatten liebenden Stauden angelegt; Farne, Geißbart, Funkien, Kaukasus-Vergissmeinnicht und Tafelblatt machen durch ihre natürlich wirkenden Blüten und ihre malerischen Blattformen auf sich aufmerksam. Im Schutz von Haus und Garage wurde eine Wärme liebende Feige eingesetzt, deren kandelaberartiges Astwerk

und wunderschöne, handförmige Blätter gleichzeitig den organischen Übergang zur Randbepflanzung der Terrasse schaffen. Den Sitzplatz und das steinerne Wasserbecken umsäumen weitere Wärme liebende, aber im Freiland winterharte Sträucher wie Hibiskus, Robinie (*Robinia hispida* 'Macrophylla') und Perovskien.

Ein Hauch von Mittelmeer

Als Entsprechung hierzu sind in den südlichen Gartenecken mediterrane Gehölze gepflanzt; die mit ihrem grau-silbrigen Blatt ein wenig dem Olivenbaum ähnelnde, aber viel frosthärtere Ölweide (*Elaeagnus angustifolia*) und die straff aufrecht wachsenden Pfeifensträucher (*Philadelphus coronarius*) sind gleichsam die Begleiter für das dazwischen liegende, rechteckige Beet. Die Bepflanzung wird durch den Gegensatz des glänzend grünen Buchsbaumblatts und des filigranen, silbrig-grauen Blattwerks

Der Wurmfarn (*Dryopteris filix-mas*) liebt den Schatten und möchte gerne in Ruhe gelassen werden.

Eine Schwertlilie *(Iris barbata-elatior)* in reinstem Weiß.

der Heiligenblume (*Santolina chamaecyparissus*) bzw. des graugrünen Laubes des Salbeis *(Salvia nemorosa)* geprägt. Die Blütenfarben Gelb und Blau bilden einen reizvollen Komplementär-Kontrast. Die Mitte des Beetes nimmt die wunderbare, silbrig-rosafarbene Strauchrose 'Heritage' ein. Mit ihrem zurückhaltenden Wachstum eignet sich diese Englische Rose vorzüglich als Begleiterin für die übrigen, niedrig wachsenden Stauden und Gehölze.

Der weiße Reihenhausgarten

Reihen- und Doppelhäusern steht im Durchschnitt ein deutlich kleinerer Garten zur Verfügung als Einfamilienhäusern. Nur selten besitzen die Gärten eine Fläche von mehr als 100 m². Meist stellt sich zusätzlich das Problem, dass die Gärten sehr schmal ausfallen und dadurch die Gestaltungsmöglichkeiten besonders stark einschränken. Reihenmittelhäuser bereiten hier in der Regel die größten Probleme. Oft befindet sich auf der Gartenseite noch eine kleine Terrasse, Kellerzugänge u. ä., die den vorhandenen Platz weiter mindern.

Reiheneckhäuser und Doppelhäuser sind hier in der Regel dadurch im Vorteil, dass hier zusätzliche Fläche auf der Giebel- bzw. Eingangsseite des Hauses zur Verfügung steht, die in die Gartenplanung mit einbezogen werden kann.

Die nachfolgenden Beispiele sind im ersten Fall für ein mittig postiertes, von anderen Reihenhausgärten eingefasstes Grundstück konzipiert. Im zweiten Fall handelt es sich um das Grundstück einer Doppelhaushälfte, wobei sich die Planung mit wenigen Veränderungen ohne weiteres auch auf den Garten eines Reiheneckhauses übertragen lässt.

Melange in weiß und graugrün

Kleine Gärten laden dazu ein, auf einfache, aber umso wirkungsvollere Gestaltungsmittel zu vertrauen. Dieser Reihenmittelhausgarten mit etwa 100 m² Fläche setzt den Gedanken sowohl in Bezug auf die gewählten Formen als auch auf die Auswahl der Pflanzen um.

Lockere, halbhohe Hecken bilden blühende Zäune, lassen aber den Blick auf die benachbarten Gärten zu, schotten den Gartenraum also nicht gegen außen ab. Wenige verschiedene Gehölze und Stauden werden, oft zu zweien oder zu mehreren, mit Bedacht platziert. Vor allem aber kommen ausschließlich weiß blühende Gewächse zum Einsatz, die in Zwiesprache zu den mannigfaltigen Grün- und Grau-Grüntönen der Blätter treten.

Ein romantischer Laubengang zum Sitzplatz

Die zentrale Blickachse vom Terrassenausgang zum Garten wird durch den Verlauf der Rosenhecke (Strauchrose 'Schneewittchen'), vor allem aber durch einen ebenfalls wunderbar weiß blühenden Trompetenbaum *(Catalpa bignonioides)* betont, der den Endpunkt der Blickachse markiert. Im Schatten des Baumes, der hier als Bestand angenommen wird, gedeihen schattenverträgliche Gehölze und Stauden. Pflanzt man neu, sollte man sich im Reihenhausgarten eher für einen etwas niedrigeren Baum entscheiden. Ersatzweise böten sich etwa ein Kirschbaum oder eine weiß blühende Zierkirsche an.

Zu beiden Seiten befinden sich reich blühende Pfeifensträucher (*Philadelphus* x *virginalis* 'Schneesturm'). Unter der Krone des Baumes ist eine Ruhebank postiert, die im Rücken durch hochwachsende Waldstauden wie Fingerhut, Geissbart und Wald-Glockenblume, auf den Seiten durch je zwei Exemplare der

Zierlichen Deutzie und der Zierquitte (*Chaenomeles speciosa* 'Nivalis') abgeschirmt wird.
Zwischen Terrasse und Sitzplatz
befindet sich ein von Clematis, Kletterrosen und Wisterien überwachsener Laubengang, der die Entfernungen und damit die gesamte
Anlage optisch größer erscheinen
lässt. Die Kletterpflanzen sind so
gewählt, dass sich vom Frühjahr bis
zum Herbst ständig neue Blüten
entfalten: Zu den Kletterrosen 'Venusta Pendula', 'Félicité et Perpétué'
und 'Ilse Krohn Superior' gesellen
sich eine Glycine (*Wisteria floribunda* 'Alba') und verschiedene
Clematissorten (*Clematis recta*,

Pflanzschlüssel für den weißen Reihenhaus-garten:

1 *Catalpa bignonioides* (Bestand), darunter Schattenstauden (*Campanula
  latifolia macrantha* 'Alba', *Aruncus
  dioicus*, *Digitalis purpurea*)
2 Pfeifenstrauch (*Philadelphus
  virginalis* 'Schneesturm')
3 Strauchrose 'Scheewittchen'
4 Schmetterlingsflieder (*Buddleia
  davidii* 'Peace')
5 Niedrige Deutzie (*Deutzia gracilis*)
6 Zierquitte (*Chaenomeles speciosa*
  'Nivalis')
7 Bodendeckerrose 'Swany'
8 Überwachsener Laubengang mit
  Kletterrosen ('Venusta Pendula',
  'Félicité et Perpetué', 'Ilse Krohn
  Superior'), Clematis (*C. montana*,
  C. recta, *C. prairie* 'Traveller's Joy') und
  Wisterie (*Wisteria floribunda* 'Alba')
9 Staudenbeete beim Laubengang mit
  Feinstrahl (*Erigeron* x *hybridus*
  'Sommerneuschnee'), Schleierkraut
  (*Gypsophila paniculata*), Schwertlilie
  (*Iris barbata elatior*) und Gelenk-
  blume (*Physostegia virginiana*)
10 Rosmarin in Gefäßen (*Rosmarinus
  officinalis*)

Clematis prairie 'Traveller's Joy' und *Clematis montana*). Zu beiden Seiten des Laubengangs laufen schmale Beete entlang, an deren Enden jeweils weiß blühende Rosmarinstöcke in Terrakottagefäßen aufgestellt sind. Im Übrigen werden diese langgestreckten Pflanzflächen von Stauden geprägt, im einzelnen Feinstrahl (*Erigeron* x *hybridus* 'Sommerneuschnee'), Schleierkraut (*Gypsophila paniculata*), Schwertlilie (*Iris barbata elatior*) und Gelenkblume (*Physostegia virginiana*). Der zu beiden Seiten der Terrasse verbleibende Raum wurde zur Anlage kleiner Beete genutzt. Die reich und anhaltend blühende Bodendeckerrose 'Swany' leistet hier zwei weiteren Exemplaren der weiss blühenden Zierquitte Gesellschaft.

Die Vielblütige Rose *(Rosa multiflora)* macht ihrem Namen alle Ehre.

Ein Doppelhausgarten ums Eck

Die gegenüber dem Reihenmittelhausgarten zusätzlich vorhandene Fläche wird in diesem Beispiel zur Anlage eines organisch geformten, das Hauseck umlaufenden Weges genutzt. Als Belag kommt weisses oder hellgraues Natursteinpflaster zum Einsatz. Die betont natürliche, geschwungene Wegführung lässt die Entfernungen größer erscheinen, zudem ergeben sich durch die Veränderung des Blickwinkels beim Begehen ganz verschiedene Ansichten, der Garten wirkt so besonders interessant. Hierzu tragen auch bewachsene Pergolen, Klettergerüste und Bogengänge bei, die spannende Einblicke schaffen und die

begrünte Gesamtfläche vergrößern. Auf der Straßen- und Einfahrtsseite wurden wegen der im Beispiel angenommenen Nordlage Schatten vertragende Pflanzen ausgewählt. An der straßenseitigen Hauswand klettert am Gerüst die glockenblütige *Clematis macropetala* zusammen mit den Sorten 'Perle d'Azur' und 'Richard Pennell'; von April bis September bilden die Clematis einen blühenden Vorhang in Himmelblau, Hellviolett und Purpur. Davor erstrecken sich geometrisch geformte Schattenbeete mit dem gelblich-grünen Frauenmantel (*Alchemilla mollis*), dem hellgelben Lerchensporn (*Corydalis lutea*), der weißen Elfenblume (*Epimedium grandiflorum*), der purpurfarbenen Taubnessel (*Lamium orvala*) und der hellvioletten Polsterglockenblume (*Campanula poscharskyana*).

Alle Flächen zur Begrünung nutzen

Clematis geben auch bei der Begrünung der Garage bzw. des Carports den Ton an. Die dunkelblaue *Clematis viticella* 'Venosa Violacaea', die blaue Sorte 'The President', die gelbe *Clematis tangutica* und die weiße 'Mme Le Coultre' führen zusammen mit der weißen Kletterrose 'Bobby James' das Farbmotto Blau-Gelb-Weiß fort. Entlang des Weges, der zum Hauseingang und weiter zur Terrasse führt, bilden in den schattigeren Bereichen Storchschnabel (*Geranium* x *magnificum*), in den gut besonnten Abschnitten Lavendel (*Lavandula angustifolia*) blühende Säume. Begrenzung schaffen etwa 50 cm hohe, aufgemauerte Beete, die zum benachbarten Garten hin mit drei Exemplaren der nicht kletternden, wunderbaren *Clematis* x *jouiniana* bepflanzt sind; ansonsten dominiert hier die Mi-

Pflanzschlüssel für den Doppelhausgarten:

1 Klettergerüst an der Hausfassade mit Clematis (C. macropetala, C. 'Richard Pennell', C. 'Perle d'Azur')

2 Beete mit Schattenstauden: Frauen-mantel (Alchemilla mollis), Lerchen-sporn (Corydalis lutea), Elfenblume (Epimedium grandiflorum), Taubnes-sel (Lamium orvala), Polster-Glocken-blume (Campanula poscharskyana), dreiseitig umrahmt mit Tafel-Eibe (Taxus baccata 'Repandens')

3 Rankgerüst über dem Carport mit Clematis (C. viticella 'Venosa Viola-caea', C. 'The President', C. tangutica, C. 'Mme Le Coultre') und Kletterrose 'Bobby James'

4 Weg mit Saum aus Storchschnabel (Geranium x magnificum)

5 Strauchrose 'Persian Yellow'

6 Weg zur Terrasse mit Saum aus La-vendel (Lavandula angustifolia)

7 Rankgerüst am Hauseck mit Clematis 'Jackmanii' und Kletterrose 'Kiftsgate'

8 Rosa hugonis

9 Strauchrose 'Graham Thomas'

10 Staudenbeet mit Vergissmeinnicht (Myosotis sylvatica), niedrigen Glockenblumen (Campanula porten-schlagiana), Waldglockenblumen (Campanula latifolia macrantha) und Eisenhut (Aconitum napellus)

11 'Eden Rose 85'

12 Rose 'Souvenir de la Malmaison'

13 Clematis x jouiniana

14 Hochbeet mit niedrigen Rosen ('Bo-nica 82', 'The Fairy', 'Kordes Rose Re-panda') und Stauden bzw. Halbsträu-chern (Salvia nemorosa 'Ostfriesland', Salvia officinalis, Nepeta faassenii)

15 Rosa multiflora

16 Strauchrose 'Schneewittchen'

17 Strauchrose 'Nevada'

schung aus mäßig wüchsigen, rosa-farbenen Rosen ('Bonica '82', 'The Fairy', 'Kordes Rose Repanda') und blau blühenden Stauden (Salvia nemorosa 'Ostfriesland', Salvia offici-nalis und Nepeta faassenii). Nur hier finden sich auffallend rosafarbene Akzente, die dem beherrschenden farblichen Dreiklang eine zusätzli-che Note verleihen. Zur Terrasse hin leiten die rosaweiß-grünliche 'Eden Rose 85' und die berühmte, nur etwa 70 cm hoch werdende Bour-bonrose 'Souvenir de la Malmaison'

mit sanften Farbnuancierungen über. Ums Eck klettert die weiße Rose 'Kiftsgate' zusammen mit Cle-matis 'Jackmanii'. Die beiden gelben Schönheiten 'Graham Thomas' und Rosa hugonis geben dem Weg Schwung. Zwischen ihnen gedeihen Vergissmeinnicht, die sich auf ge-eigneten Böden übrigens gerne selbst aussäen, und niedrige Glockenblumen. Im Hintergrund strecken violettblaue Waldglocken-blumen und Eisenhut ihre Blüten hervor.

An der Ecke des Carports leuchtet die alte Rosensorte 'Persian Yellow' hervor. Im übrigen ist die Flanke jenseits des Weges durch die „Dreieinigkeit" weißer Strauchrosen geprägt ('Nevada', 'Schneewittchen' und Rosa multiflora).

Unverzichtbar für Familien mit Kindern sind ein ausreichend großer Sandkasten und ein Spiel-Haus oder – wie hier – ein mobiles Spiel-Zelt im Schutz von Bäumen und Sträuchern.

Mehr Spaß im Spiel- und Familiengarten

Viele Familien mit Kindern werden sich fragen, wie man auf kleiner Fläche sowohl den Spiel- und Erlebnisbedürfnissen der Kinder Rechnung tragen als auch einen schönen Garten anlegen kann. Um diese beiden Ziele unter einen planerischen Hut zu bringen, sind einige Aspekte zu berücksichtigen. Zunächst einmal muss man auf Elemente mit großem Flächenbedarf verzichten; statt eines ausladenden Spielgeräts, das von den Kindern vielleicht gar nicht intensiv genutzt wird, sollte man sich lieber für mehrere kleine Erlebnisbereiche entscheiden, die dann natürlich Raum sparend angeordnet werden müssen. Ferner ist daran zu denken, dass größere Kinder gerne eine freie Rasenfläche zum Ballspielen zur Verfügung haben!

Spielend lernen und erleben

Die Auswahl der Pflanzen orientiert sich wie bei allen kleinen Gärten an deren Wuchseigenschaften, aber auch an ihrem Nutz- und Erfahrungswert für die Kinder. Wohlschmeckende Äpfel, Birnen und Himbeeren schaffen gleich einen sehr direkten Bezug zur Natur – denn auch die Liebe zur Natur geht oft durch den Magen! Ferner ist es immer von Vorteil, ein oder zwei Kletterbäume vorzusehen. Wählt man dafür einen Obstbaum, hat man zwei Fliegen mit einer Klappe geschlagen.
Pflanzen in Spielgärten müssen robust sein; insbesondere hohe Stauden pflanzt man am besten etwas abseits von Spielflächen, damit sie nicht allzu schnell geknickt sind. Aus dem gleichen Grund sollte man Beetflächen mit Ziersträuchern und Blütenpflanzen

eher in den Bereichen am Rand des Gartens oder nahe am Haus anlegen. Nicht zuletzt gilt es auch, ungiftige Pflanzen auszuwählen, damit kleine Kinder nicht unnötig gefährdet werden. Die Erfahrung hat leider gezeigt, dass oft auch völlig unscheinbare und unattraktive Pflanzenteile, wie etwa die Früchte des Goldregens, von Kindern gegessen werden. Um Natur für Kinder erlebbar zu machen, sind keine Giftpflanzen im Hausgarten nötig! Unter den Aspekt Sicherheit im Kindergarten fällt auch das Thema Wasser; so wünschenswert und schön es für die Kleinen ist, mit Wasser zu planschen, so vorsichtig sollten Eltern bei der Anlage von Teichen, dem Aufstellen von Wasserbecken oder Ähnlichem sein. Viele schwere Hirnschädigungen und Todesfälle von Kleinkindern gehen darauf zurück, dass sie in Teichen oder Becken mit teils ganz niedrigem Wasserstand gefallen sind. Kinder werden beim Fall ins Wasser oft starr, können sich nicht mehr bewegen und ertrinken, wenn nicht sehr schnell Hilfe kommt. Eine Alternative zu stehenden Gewässern können etwa selbst gebaute, lustige Wasserrutschen aus Holz oder auch ein kleines, niedriges Wännchen sein.

Ein Spiel-, Erlebnis- und Blütengarten

Die Grundanlage dieses etwa 130 m² großen Gartens teilt sich in drei Funktionsbereiche auf: den Ziergarten mit mehreren Beeten nahe dem Haus, dem anschließenden kleinen „Spielfeld" und schließlich dem am weitesten entfernten Erlebnisbereich. Letztgenannter bildet das Herzstück der ganzen Anlage; neben dem obligatorischen Sandkasten wurden einige Elemente vorgesehen, die von den Kindern selbst durch Spielen erlebt und teils auch verändert werden können. So befindet sich in der hinteren Gartenecke unter der Kornelkirsche ein 'wilder Bereich' mit einem Holzhaufen, von dem sich Kinder – etwa zur Herstellung von Spielgeräten – bedienen können; zudem dient er der Naturerfahrung, wenn er etwa von Tieren wie dem Igel als Zufluchtsort ausgewählt wird. Gleich daneben befindet sich ein auf kleinen Holzpfählen stehendes Holzhaus, das zum Indianerspielen und für viele andere Zwecke benutzt werden kann. Alternativ kann man das Haus auch auf einen kleinen, künstlich angeschütteten Hügel stellen, der dann gleichzeitig als Rutsch- und Rodelhang dient. Bei Bedarf kann an diesem Hang auch eine Wasserrutsche angebracht bzw. am Holzhaus eingehängt werden. Ein immergrüner Busch (*Buxus sempervirens* var. *arborescens*) deckt den 'Lagerbereich' ab. Um den Sandkasten zu erreichen, muss man durch eine 'Tunnelhöhle' kriechen. In diesem Fall besteht der Tunnel aus Haselruten, die mit einer stachellosen Brombeere überwachsen sind, aber hier wie auch ansonsten sind dem Ideenreichtum natürlich keine Grenzen gesetzt!

Paradies zwischen Apfelbaum und Beerensträuchern

Zwischen Holzhaus und Sandkasten steht der Schatten spendende Apfelbaum; als Hochstamm gepflanzt, kann praktisch die gesamte Fläche unter seiner Krone voll genutzt werden. Die Baumscheibe ist mit wohlschmeckenden Walderdbeeren und anhaltend blühender Kapuzinerkresse bedeckt, am Zaun strecken die Himbeer-Ruten ihre Früchte zum 'Kleinen Amphitheater' hinüber, dessen Ränge aus Holzbohlen bestehen; dazwischen breiten sich robuste, blühende Polsterstauden und Gräser aus, im einzelnen Blaukissen (Aubrieta x cultorum), Perlkörbchen (Anaphalis triplinervis), Storchschnabel (Geranium dalmaticum), Sternmoos (Sagina subulata), rosa blühender Mauerpfeffer (Sedum album) und Blauschwingel (Festuca glauca). Ganz oben thront ein rosa blühender Sommerflieder (Buddleia alternifolia). Diese blühende Kletterecke, die den Gartenraum in die Höhe erweitert, ist durch eine reizvoll bogig wachsende Wildrose (Rosa multiflora) abgeschirmt. Während das Spielfeld seiner Bestimmung gemäß weitgehend frei von Bepflanzung bleibt, gedeihen ums Haus viele niedrig bleibende Rosen und Blütenstauden; bei der Garage sind dies Teppichkamille (Matricaria

caucasica), Kaukasus-Storchschnabel (Geranium x magnificum) und Kaukasus-Vergissmeinnicht (Brunnera macrophylla). Im Beet bei der Terrasse bildet die überreich mit lang haftenden Hagebutten behangene Rose 'Bourgogne' den Blickpunkt; blaues Ehrenpreis (Veronica prostata), hellblau-violetter Teppichphlox (Phlox subulata) und die rosaviolette Prachtscharte (Liatris spicata) leisten der Rose Gesellschaft. Auf der gegenüberliegenden Terrassenseite liefert ein kleines Gewürzbeet mit Thymian, Oregano, Salbei uund anderen Kräutern frische Zutaten für die Küche und einen hübschen Blütenflor. An der Grundstücksgrenze bildet ein Beet mit dauerblühenden Beetrosen (die wüchsige 'Betty Prior' und die niedrigere 'Margaret Merrill') mit Frühlingsaster (Aster alpinus), und Sterndolde (Astrantia major) den Abschluss des Gartens.

Rund um das Piratenschiff

Ein im Gartneck postiertes, selbst gezimmertes Segelschiff in einem Meer aus Sand bildet den gestalterischen Mittelpunkt dieses Gartens. Zwei hohe Zwetschgen- oder auch Pflaumenbäume, deren Stämme mit Kletterhortensien malerisch bewachsen sind, ersetzen die – mitteleuropäischen Klimaverhältnissen nicht gewachsene – Kokospalme. Stattdessen flankieren aber, um ein bisschen karibische Atmosphäre zu schaffen, auf der gartenzugewandten Seite zwei Palmen im Kübel den Seemannssandkasten (die Dattelpalme hinten, die kleine Zwergpalme vorne). Mit rollbaren Untersetzern können die Palmen im Winter problemlos nach drinnen gebracht werden. Die dem Nachbargrundstück zugewandte Seite des

Obstbäume faszinieren Groß und Klein mit ihrer wundervollen Blüte – und natürlich ihren Früchten. Sie spenden Schatten und bieten bei entsprechender Größe Gelegenheit zum Klettern.

Pflanzschlüssel für den Garten rund um das Piratenschiff:

1 Pflaumen-Hochstämme (*Prunus domestica*), Stamm bewachsen mit Kletterhortensie (*Hydrangea petiolaris*)

2 Geschnittene Hainbuchen-Hecke (*Carpinus betulus*)

3 Holzstaketen-Zaun mit Kletterrosen 'Tausendschön' und 'New Dawn'

4 Hecke aus Johannisbeer-Sträuchern (*Ribes rubrum*)

5 'Grünes Iglu', bewachsen mit Clematis (*C. alpina*, *C.* 'Jackmanii superba', *C.* 'Duchess of Edinburgh', *C.* 'Ernest Markham', *C.* 'Twilight')

6 Zwergpalme im Kübel (*Chamaerops humilis*)

7 Dattelpalme im Kübel (*Phoenix canariensis*)

8 Sitzplatz mit Eckbepflanzung aus Steppenkirschen-Hochstämmen (*Prunus fruticosa* 'Globosa') und Mandelbäumchen (*Prunus triloba*)

9 Küchengärtlein mit Buchsbaum-Einfassung (*Buxus sempervirens* 'Suffruticosa'), Ringelblumen, Pfingstrosen (*Paeonia officinalis* 'Rubra Plena'/'Alba Plena'), Kräutern und Gemüse nach Wahl

10 Wiese mit Zwiebelpflanzen – z. B. Schneeglöckchen (*Galanthus nivalis*) und Traubenhyazinthe (*Muscari armeniacum*)

Segelschiffes ist durch ein mit Tauwerk versehenes Klettergerüst abgegrenzt. Dahinter deckt eine halbhohe, etwa 1 m hohe Hecke aus Beerensträuchern den Zaun zum Nachbargarten ab. Der Zaun auf der Straßenseite hat dagegen eine dichte, etwa 2,5 m hohe Hainbuchenhecke erhalten, die auch im Winter einen Teil ihrer Blätter behält. Über dem Gartentürchen entstand durch Schnitt ein natürlicher Bogengang. Der niedrige Zaun zum linken Nachbargrundstück ist mit rosa blühenden Kletterrosen ('Tausendschön' und 'New Dawn') überwachsen. Im Garteneck links hinten haben die Kinder ein 'Garteniglu' aus Weidenruten bezogen, das mit verschiedenen, zu unterschiedlichen Zeiten blühenden Clematis überwachsen wird. Die Weidenruten selbst sollten eine Länge von

etwa 3 m aufweisen. Wenn sie frisch geschnitten sind, treiben sie in die Erde gesteckt wieder grün aus. Der Sitzplatz vorne beim Haus ist

in den Ecken mit vier hübschen, kugelkronigen Steppenkirschen-Hochstämmen und jeweils einem strauchig wachsenden Mandel-

Ganz links: Die heilende Ringelblume ist eine klassische Kloster- und Bauerngartenpflanze.

Links: Der Holunder trägt nicht nur attraktive Blüten und schmackhafte Früchte, er ist auch ein sehr robustes Gehölz.

bäumchen versehen. Das unmittelbar daneben angelegte Duft- und Kräutergärtlein macht den Aufenthalt auf der Terrasse noch reizvoller.

Ein Hoch-Haus für die Kleinen

Welches Kind wünschte sich nicht ein Gartenhaus, eine Höhle, irgendeinen Rückzugsraum? Als Nonplusultra des Gartenerlebnisses gilt den Kleinen – wie vor 100 Jahren – auch heute noch das Baumhaus, das man über Leitern oder gar Strickleitern erreicht. Nun kann man aber im neu angelegten Garten schlecht so lange warten, bis ein neu gepflanzter Baum stark genug ist, um ein Baumhaus zu tragen; daher wurde das Baumhaus in unserem Vorschlag auf Stützen gestellt, ein wunderschöner Hochstamm-Apfelbaum breitet malerisch seine Zweige darüber. Die Früchte wachsen den Kindern so wie im Paradies direkt in den Mund. Natürlich muss der Umgang des Hauses mit einem Geländer versehen werden. Das Haus ist durch eine Strickleiter oder – von den kleineren Kindern – über eine Leiter, wahlweise auch Holztreppe, von dem benach-

barten Hügel aus zu erreichen. Der kleine Hügel schafft zusätzliche Pflanzfläche und kann im Winter prima zum Rodeln oder Herumtollen genutzt werden. An den dafür vorgesehenen Stellen sollte allerdings Gras angesät werden, damit der Spaß nicht zu schlammig gerät. Links des Hauses befindet sich ein kleiner Sandkasten, die Sitzbank ist zur Abgrenzung des Gartenraums im Rücken durch Sträucher abgeschirmt.

Pflanzschlüssel für den Hoch-Haus-Garten:

1   Apfelbaum-Hochstamm
2   Waldrebe *(Clematis vitalba)*
3   *Clematis montana* 'Rubens'
4   *Rosa canina*
5   Holunder *(Sambucus nigra)*
6   Kleiner Hügel mit Blumenwiese
7   *Rosa multiflora*
8   Johannisbeere *(Ribes rubrum)*

Blüten- und Dufterlebnis im Mittelmeergarten

Die unvergleichliche Atmosphäre mediterran beeinflusster Gärten aus dem Urlaubsaufenthalt in den eigenen Garten zu übertragen, ist leichter, als man glauben könnte. Das vorliegende Beispiel eines Sitzplatzes zeigt, dass auch hier prächtige Situationen mit Mittelmeerflair entstehen können. Die Auswahl der Pflanzen erfolgte nach dem Gesichtspunkt, welche Gewächse in Gärten des Mittelmeerraums häufig anzutreffen sind und entsprechend südliche Stimmung verbreiten.

Mittelpunkt der Anlage ist ein kreisrunder Sitzplatz, der mit einem schneckenförmigen Muster aus frostharten Backsteinen belegt ist; in den Fugen gedeiht Gras. Ein kurzer, etwas gewundener Weg führt vom Haus zum Sitzplatz.

Die Höhe der rings um den Sitzplatz gruppierten Pflanzen steigt ebenso wie das Gelände nach hinten an. Zum Schutz vor kalten Winden ist in der oberen linken Gartenecke eine Backsteinmauer als Grundstücksabschluss vorgesehen.

Reizvolle Kübelpflanzen

Einige der ausgewählten Schönheiten müssen im Pflanzgefäß kultiviert werden, da sie den mitteleuropäischen Winter im Freien nicht überstehen würden. Dazu gehören Duftpelargonie, Bougainvillea, Schmucklilie, Oleander und Feigenbaum. Dem gegenüber können sowohl die links als auch die rechts des Sitzplatzes postierten, ausreichend frostharten Gehölze wie Blasenstrauch, Pfeifenstrauch, Tamariske und Platane in den Boden gepflanzt werden. Die bei uns angebotenen Pfirsichsorten überstehen den Winter zwar in der Regel auch im Freien, aber fruchten zuver-

Der dekorative, immergrüne Klebsame *(Pittosporum tobira)* findet sich oft in mediterranen Gärten. In mitteleuropäischen Breiten kann er nur als Kübelpflanze kultiviert werden.

Pflanzschlüssel für den Mittelmeer-Garten:

1 Blasenstrauch *(Colutea arborescens)*
2 Pfeifenstrauch *(Philadelphus coronarius)*
3 Stechapfel *(Brugmansia aurea)*
4 Nachtschatten *(Solanum rantonnetii)*
5 Terrassenbeet mit Thymian *(Thymus vulgaris)*
6 Feige *(Ficus carica)*
7 Bougainvillee *(Bougainvillea glabra)*
8 Duft-Pelargonie *(Pelargonium crispum)*
9 Schmucklilie *(Agapanthus praecox)*
10 Klebsame *(Pittosporum tobira)*
11 Oleander *(Nerium oleander)*
12 Pfirsichbaum *(Prunus persica)*
13 Tamariske *(Tamarix parviflora)*
14 Platane *(Platanus x acerifolia)*

lässiger, wenn sie im Gefäß kultiviert und winters in einen geschlossenen Raum gebracht werden. Die Platane kann in einem solchen kleinen Garten Platz finden, wenn sie einen regelmäßigen, fachmännischen Kronenschnitt erhält. Im vorliegenden Beispiel ist sie so gepflanzt, dass sie nicht allzu viel Schatten auf den Sitzplatz wirft.

Der Sitzplatz am Wasser

Wo sitzt es sich gemütlicher, wo ist die Entspannung vollkommener als in der Nähe des Wassers? Tisch und Stühle haben hier deshalb in der Nähe eines gemauerten, stufenförmigen Wasserbeckens mit Brunnen

Platz gefunden. Der idyllische Sitzplatz wird von Zitrusgewächsen beschirmt. Sowohl die Orangen und Zitronen als auch die kleinen Blüten verströmen einen herrlichen Duft. An ihren Stämmen wachsen blau blühende, in das Gefäß gepflanzte Winden empor, die allerdings nicht zu starkwüchsig sein dürfen. Gegebenenfalls muss ihr Wachstum

Pflanzschlüssel für den Sitzplatz am Wasser:

1 Zitronenbaum *(Citrus limon)* mit Winde *(Ipomoea tricolor)*
2 Orangenbaum *(Citrus sinensis)* mit Winde
3 Schwertlilie *(Iris barbata-elatior)*
4 Wasseriris *(Iris pseudoacorus)*
5 Brunnenbecken mit Bewuchs aus Blumenbinse *(Butomus umbellatus)* und Wieseniris *(Iris laevigata)*
6 Pfeifenblume *(Aristolochia macrophylla)*
7 China-Schilf *(Miscanthus sinensis)*

Links: Die Sumpfschwertlilie liebt feuchte Böden, kommt aber auch mit kurzzeitiger Trockenheit zurecht.

Unten: Der Geissbart (*Aruncus dioicus*), eine typische Schattenstaude, bildet imposante Blütenberge aus.

durch Schnitt begrenzt werden. Die Zitruspflanzen müssen schon bei einigen Grad über Null in geschlossene Räume umziehen, da sie gemeinhin recht frostempfindlich sind. Die Zitruspflanzen werden durch hellblau und weiß blühende Schwertlilien (*Iris barbata-elatior-*Hybriden) begleitet, die die Blicke auch durch ihr lang-lanzettliches, grau-grünes Blatt auf sich ziehen. Das ständig überlaufende Wasser des Beckens wird am Boden in einem etwas eingetieften, mit Lehm nach unten abgedichteten Beet gesammelt, in dem sich Feuchtigkeit liebende Pflanzen besonders wohl fühlen. An den Seiten des Beckens wurden gelbe Wasseriris *(Iris pseudoacorus)* gepflanzt, auf der Rückseite gedeiht hohes Chinaschilf *(Miscanthus sinensis)*. Ist sehr wenig Platz vorhanden, kann man sich für die niedriger bleibende Sorte 'Gracilis' entscheiden. Das von einer großblättrigen Pfeifenblume *(Aristolochia macrophylla)* überwachsene Becken selbst ist mit Blumenbinse *(Butomus umbellatus)* und Blauer Iris *(Iris laevigata)* bepflanzt.

Der Ruheplatz im Schatten

Nicht selten findet man beim Erwerb eines älteren Hauses schattige Ecken im Garten vor, die neu gestaltet werden wollen und sich als Standort für eine Sitzgelegenheit im Kühlen anbieten. Hier wurde eine – bei entsprechender Oberflächenbehandlung – viele Jahre wetterfeste Bank (etwa aus Robinien-Holz) zwischen zwei weißen bzw. rosafarbenen Blütenhartriegeln postiert, die Halbschatten gut vertragen. Ebenso wie bei der als bestehend angenommenen Kastanie *(Aesculus hippocastanum)* wurde auch bei den neu gepflanzten Gehölzen und Stauden auf helle Blütenfarben geachtet, die im Schatten besonders gut zur Wirkung kommen. Um die Bank herum entstand ein Saum aus hoch wachsenden, Schatten liebenden Stauden – weißer Geißbart, weißer und rosafarbener Fingerhut *(Digitalis purpurea)*, rosafarbene Lilien *(Lilium martagon)*, weiß und hellviolett blühen-

den Waldglockenblumen und Farnen. Die Bank steht zwischen verlegten Bachkieseln, in deren Fugen Grün gedeiht. Zwischen zwei äußeren Einfassungsstreifen aus weissem Naturstein finden sich rote, frostharte Tonplatten, zwischen denen sich weiß panaschierter Efeu malerisch ausbreiten kann.

Eine Terrasse mit Schwung

Bei grünen Sitzplätzen und Terrassen gewinnt die Aufenthaltsqualität besonderen Wert, denn hier hält man sich bei schönem Wetter oft und gerne auf. Insofern muss es das Ziel der Planung sein, auf kleinem Raum ein möglichst vielgestaltiges Gartenambiente mit interessanten Situationen zu schaffen, ohne den meist hohen Anteil an gepflasterter Fläche dominant und eintönig werden zu lassen.

Zum Problem der eng begrenzten Fläche kommt bei Dachterrassen noch der Umstand, dass meistens nur wenig offene Beetfläche zur Verfügung steht und diese wegen der erforderlichen sorgfältigen Bodenabdichtung nur mit einem beträchtlichen technischen und finanziellen Aufwand geschaffen werden kann. Größere Gehölze können auf Dachterrassen nur dann in ebenerdige Beete gepflanzt werden, wenn diese eine ausreichende Tragfähigkeit aufweisen. Sie werden also auf Dachterrassen einen geringen Anteil der Fläche einnehmen. Pflanzkästen und Gefäße spielen hier die wichtigere Rolle, daher wird der Planer im Allgemeinen viel mit Kübelpflanzen arbeiten. Handelt es sich um auch im Freiland zuverlässig winterharte Gewächse, braucht man sich um die Überwinterung keine Gedanken zu machen; kältebedingte Ausfälle sind dann kaum zu verzeichnen. Anders verhält es sich jedoch mit Wärme liebenden Pflanzen wie Zitrusgewächsen, die keinen Frost vertragen. Schon vor der Beschaffung solcher sensibler Exemplare sollte geklärt sein, ob für diese geeignete Überwinterungsmöglichkeiten zur Verfügung stehen. Gerade bei Dachwohnungen kann dies Probleme bereiten, denn hier sind selten Räume mit passenden Bedingungen (Temperatur mindestens 5 °C bis höchstens 15 °C und ausreichende Belichtung) vorhanden. Eine zu warme Überwinterung kann zu Krankheits- und Schädlingsbefall sowie zu verfrühtem Blüten- und Blattaustrieb führen. Ferner steht in der Wohnung sicherlich nur in Ausnahmefällen ausreichend Platz zur Verfügung, um eine größere Zahl von Kübelpflanzen über mehrere Monate zu beherbergen.

Zur Auswahl empfehlenswerter Kübelpflanzen, deren Überwinterungsansprüchen und Pflege sei auf die Seiten 117 ff. und 141 verwiesen.

Kübelpflanzen, Beetflächen und Pergolen

Die folgende Beispielplanung kann als Gartenterrasse auf ebener Erde ebenso wie als Dachterrasse verwirklicht werden. Angenommen wurde eine zur Verfügung stehende Gesamtfläche von etwa 6 x 8 m. Wie auch in den übrigen Vorschlägen dieses Buches können für kleinere Bereiche aber auch bestimmte Elemente, etwa die Pergola mit Begleitpflanzung oder das offene Beet, herausgegriffen und separat verwirklicht werden. Alternativ lässt sich auch die Pflasterfläche verkleinern, um Platz für die Pflanzen zu gewinnen. Dabei sollten jedoch immer die Durchgänge zwischen den Terrassenbereichen und zum Sitzplatz unter der Pergola offen zugänglich bleiben.

Das gestalterische Leitprinzip ist in diesem Fall die Wellenform, die zunächst schon durch den Wechsel der Materialien und der verwendeten Steingrößen (weißes Kleinstein- und rotes Großsteinpflaster) deutlich hervorgehoben wird. Die Form der Welle, die die Pergola weich umläuft, löst die Strenge des rechten Winkels auf und dient zugleich als Orientierungslinie für die Pflanzplanung. Sowohl das Arrangement der Kübelpflanzen als auch das Beet mit den frostharten Gewächsen folgen dieser wellenförmigen Grundstruktur. Die Wellen laufen gleichsam in der Wasserfläche eines steinernen Beckens aus. Das ruhige Plätschern des Wassers, das mit einem wandmontierten Zulauf versehen ist, kann man auf einer vor dem Becken postierten Ruhebank aus Stein genießen. Schmucklilien und Strauchveronika strecken von beiden Seiten ihre Blüten über Becken und Bank. Auch der Feuchtigkeit liebende Pfeilbambus sucht die Nähe des Wassers. Die sich zwischen Becken und Haus bzw. Wohnung erstre-

Der wundervoll blühende Lavendel *(Lavandula angustifolia)* **ist eine der wertvollsten und anspruchslosesten Stauden für den kleinen Garten.**

ckende hohe Mauer bietet kälte-
empfindlichen Gehölzen wie dem
Feigenstrauch und dem als Spalier
gezogenen Pfirsich Schutz vor kalten Winden. Ein straff aufrechter,
roter Hibiskus (*Hibiscus syriacus*
'Woodbridge') leistet Feige und
Pfirsich im Beet Gesellschaft. Im
Herbst in die Erde gesteckte mediterrane Zwiebelpflanzen wie *Scilla*
und *Muscari* begrüßen das Frühjahr
auf der Terrasse.

Sechs Exemplare von *Hibiscus rosa-
sinensis* sind wellenförmig auf der
Pflasterfläche arrangiert, sieben
Exemplare der robusteren Bartblume *(Caryopteris clandonensis)*
am Rand der Pflanzfläche.
Der Ausgang der Terrasse ist von
einer filigranen Holzkonstruktion
überspannt, die von einem blüh-
freudigen Geißblatt (*Lonicera* x
heckrottii) begrünt wird. Links des
Ausgangs sorgt ein kleines Gewürz-

beet für frische Kräuter, die zusätzlich noch reizvoll aussehen und
blühen (z. B. Thymian, Basilikum,
Melisse, Oregano, Salbei, Boretsch
und Fenchel). Die im Topf gezogenen Rosmarin müssen im Winter
nach drinnen umziehen. Die gestalterische Entsprechung zu
diesem Gewürzbeet bildet das
schmale Hochbeet bei der Pergola
mit der Hecke aus Lavendel (*Lavandula angustifolia*).

Ein stimmungsvoller Sitzplatz

Der Sitz- und Essplatz für die ganze Familie ist unter der wein- und geißblattbewachsenen Pergola eingerichtet, deren Zugänge von Wärme liebenden Kübelpflanzen wie Orange, Zitrone, Gewürz-Salbei und Bleiwurz flankiert werden. Die verbleibende Ecke im Schatten der Pergola bietet gute Bedingungen für die Schatten liebende Hortensie (*Hydrangea macrophylla*), die von mehreren – als Sträucher oder Stämmchen gezogenen – Fuchsien umrahmt wird. Diese bei guter Pflege sehr ausdauernden Blüher schmücken die Terrasse bis zum

Rittersporn *(Delphinium)* ist eine der wichtigsten Prachtstauden im Bauerngarten.

Herbst, die Hortensie kann mit gutem Winterschutz (z. B. durch ein spezielles Textilvlies) auch die kalte Jahreszeit auf der Terrasse verbringen.

Der zeitgemäße Bauerngarten

Auf kleinem Grund einen gestalterisch ansprechenden, ausdauernd blühenden Garten schaffen, der noch dazu eine reiche Ernte an Früchten, Gemüse und Kräutern 'abwirft' – kann das überhaupt funktionieren? Was auf den ersten Blick wie die berühmte Quadratur des Kreises anmutet, erweist sich bei näherer Betrachtung als durchaus realisierbar. Natürlich gilt auch hier der in diesem Buch bereits des öfteren erwähnte Leitsatz 'Weniger ist mehr'. Auf kleinem Grund ist sicherlich keine riesige Obsternte zu erwarten, aber auch der kleine Nutzgarten wird seinem Besitzer doch einen schönen Ertrag bescheren, wenn dieser mit System vorgeht. Hierzu gehört es, vor der Planung das persönliche Lieblingsobst, die unverzichtbaren Kräuter und die am besten schmeckenden Salate sorgfältig zu wählen und dann so

zu pflanzen, dass möglichst das ganze Jahr über geerntet werden kann.

Zier- und Nutzpflanzen dürfen und sollen gerade im kleinen Garten durchaus miteinander kombiniert werden; eine attraktive Blüte, schöne Blätter oder einen malerischen Wuchs besitzen etwa Salbei, Thymian, Oregano, Boretsch, Dill und das hoch aufschießende Liebstöckel, aber auch Fenchel, Zucchini, Kürbisse und Rhabarber passen sich – neben vielen anderen – bestens in einen sorgsam gestalteten Garten ein. Auch unter den Blattsalaten gibt es ganz unterschiedliche Färbungen und Blattformen. Platzieren Sie diese Nutzpflanzen ruhig einmal direkt neben (ungiftigen!) Blütenstauden.

Genuss für Auge und Gaumen

Am Beispiel des Bauerngartens lässt sich sehr schön zeigen, wie Schönheit und praktischer Nutzen auch in einem kleinen Garten gut vereint werden können. Ursprünglich diente der bäuerliche Garten der Erzeugung von Nutzpflanzen, der im Lauf der Jahrhunderte mit Gestaltungselementen und Pflan-

Pflanzschlüssel für den zeitgemäßen Bauerngarten:

1   Birnbaum am Spalier (Pyrus pyraster)
2   Aprikose (Prunus armeniaca)
3   Umlaufende Zaunbegrünung mit Brombeere (Rubus fruticosus), Kapuzinerkresse (Tropaeolum), Wicken (Lathyrus latifolius), Clematis alpina und Clematis macropetala 'Purpurea Plena'
4   Hochbeet mit Johannisbeer-Stämmchen (Ribes rubrum), Lavendel (Lavandula angustifolia), Strauch-Pfingstrosen (Paeonia suffruticosa) und Christrosen (Helleborus x hybridus)
5   Hochbeet mit Johannisbeer-Stämmchen, Himbeeren (Rubus idaeus) und Gewürz-Salbei (Salvia officinalis)

6   Rosenbogen mit Kletterrose 'Kiftsgate'
7   Moosrose (Rosa centifolia 'Muscosa')
8   Quadratisches Beet mit Buchseinfassung (Buxus sempervirens 'Suffruticosa') und Fenchel bzw. Boretsch, Weißkraut/ Blaukraut, Karotten und Lavendel
9   Quadratisches Beet mit Buchs-Einfassung (Buxus sempervirens 'Suffruticosa') und Blütensalbei (Salvia nemorosa 'Blauhügel'), Akelei (Aquilegia vulgaris), Pfingstrosen (Paeonia officinalis 'Rubra Plena'/ 'Alba Plena') und Rittersporn (Delphinium x belladonna bzw. Delphinium x cultorum)
10 Granatapfelbaum im Kübel (Punica granatum)
11 Rosmarin im Gefäß (Rosmarinus officinalis)

zen verschiedenster Herkunft – etwa aus den Klostergärten – ausgestaltet und verfeinert wurde. Blütenpflanzen, etwa bestimmte alte Rosensorten und Buchsbaum, gewannen in den Bauerngärten im Lauf der Zeit zunehmend an Bedeutung.
Im Beispiel handelt es sich um einen Garten von etwa 90 m² Fläche, der traditionelle Gestaltungsformen und Pflanzen aufnimmt, jedoch durch neue ergänzt, denn auch alte Formen und Traditionen dürfen und sollen immer wieder durch neue Ideen angereichert werden, um überraschende und interessante Ergebnisse zu erzielen.

Die gartenseitige Hauswand ist mit einem Birnenspalier begrünt; empfehlenswerte Sorten sind etwa 'Alexander Lukas' und 'Williams Christ'. Unmittelbar beim Ausgang in den Garten wurde an windgeschützter Stelle ein kleiner Aprikosenbaum gepflanzt. Auf der gegenüberliegenden Seite der Terrasse beim Sitzplatz bilden mediterrane Kübelpflanzen (ein Granatapfelbaum mit zwei Rosmarin) eine kleine Zier- und Nutzpflanzenecke mit südlichem Flair. Vier quadratische, mit Buchs und bodenständig rauhen Holzbohlen eingefasste Beete bilden den Mittelpunkt der Anlage. Im Inneren sind zwei der Beete (über Kreuz) mit typischen Blütenpflanzen des Bauerngartens wie blauem Rittersporn (*Delphinium* x *belladonna*/*Delphinium* x *cultorum*), Pfingstrosen (*Paeonia officinalis*) in Rot und Weiß, blauer und weißer Akelei (*Aquilegia vulgaris*) sowie Blütensalbei (*Salvia nemorosa* 'Blauhügel') bepflanzt. Die Höhe der Pflanzen nimmt natürlich von außen nach innen zu. Die anderen beiden Beete bleiben weitgehend Gemüse und Kräutern wie verschiedenfarbigen Blattsalaten, Kohl, Meerrettich, Fenchel, Boretsch, Oregano und Basilikum vorbehalten; am Rand bringt Lavendel eine aromatische Note ein. Auch bei der Planung der Nutzbeete wurde selbstverständlich auf das Spiel mit Farben und Formen geachtet. So passt das frischgrüne, feingliedrige Laub der Karotte besonders gut zu den großen und flächigen Blättern des Rhabarbers und der Blattsalate.

Altbewährte Pflanzen und Gestaltungsprinzipien

Die Position im Kreuzungspunkt der zwischen den Beeten verlaufenden, mit Backsteinen gepflasterten Wege nimmt die alte Bauerngartenrose

Rosa centifolia 'Muscosa' ein. Die weiße Kletterrose 'Kiftsgate' zeigt ihre Blütenpracht am Rosenbogen, der die Gartentüre umrahmt. Ebenso wie die quadratischen Beete sind auch die an den Grundstücksgrenzen umlaufenden Hochbeete mit Holzbohlen eingefasst; vier weitere, darunter angeordnete Bohlen bilden die 'hölzerne Mauer'. Zum Schutz gegen Durchfeuchtung und Fäulnis sollte zwischen Holzbohlen und Erde ein Spezial-Vlies eingezogen werden. Andernfalls muss leichtes Substrat mit hohem Sandanteil verwendet werden, damit für guten Wasserabzug und gute Durchlüftung gesorgt ist.

Sechs Johannisbeerstämmchen markieren die Eckpunkte der (etwa 50 cm hohen und 80 cm tiefen) Beete, dazwischen finden mehrere große Büsche Gewürzsalbei (*Salvia officinalis*), rosafarbene Christrosen mit immergrünen Blättern (*Helleborus* x *hybridus*), Lavendel (*Lavandula angustifolia*) und Strauch-Pfingstrosen (*Paeonia suffruticosa*) Platz. Der Zaun gegenüber der Hausseite

wird durch eine Hecke aus Himbeerruten verdeckt, die mit Walderdbeeren unterpflanzt wurden.

Der stimmungsvolle Wassergarten

Die Faszination von Gewässern im eigenen Garten ist ungebrochen. Wer würde sich nicht an einem plätschernden alten Brunnen, einem Kühle spendenden Becken oder einem blühenden Gartenteich erfreuen! Zudem bietet er für größere Kinder tolle Möglichkeiten zum Spielen und Naturerleben. Sind Kleinkinder in der Familie, ist allerdings Vorsicht angebracht (siehe hierzu auch Seite 31).

Plätscherndes Brünnlein oder Teich?

Die Freude am eigenen Teich oder Wasserbecken hängt nun keineswegs allein von der zur Verfügung

Der Pfeilbambus *(Sinarundinaria murielae)* **liebt feuchte Böden.**

Pflanzschlüssel für den stimmungsvollen Wassergarten:

1 Spieß-Weide (*Salix hastata* 'Wehrhanii')
2 Sumpf-Schwertlilie (*Iris pseudoacorus*)
3 Purpur-Weide (*Salix purpurea* 'Gracilis')
4 Staudenbeet am Ufer mit Sumpf-Vergissmeinnicht (*Myosotis palustris*), Blutweiderich (*Lythrum salicaria*), Wieseniris (*Iris sibirica*), Jakobsleiter (*Polemonium caeruleum*), Trollblume (*Trollius europaeus*) und Sumpfdotterblume (*Caltha palustris*)
5 Blumenbinse (*Butomus umbellatus*)
6 Seerosen (*Nymphaea x hybrida*)
7 Pavillion am Wasser, überwachsen mit Pfeifenblume (*Aristolochia macrophylla*)
8 Wasserdost (*Eupatorium purpureum*)
9 Wiesenraute (*Thalictrum dipterocarpum*)
10 Mummel (*Nuphar lutea*)
11 Uferbepflanzung mit Dreimasterblumen (*Tradescantia andersoniana*), Trollblumen (*Trollius chinensis*) sowie Iris (*Iris sibirica* und *Iris ochroleuca*)
12 Chinaschilf (*Miscanthus sinensis*) mit Tafelblatt (*Rodgersia tabularis*)
13 Bambus (*Sinarundinaria murielae*)
14 Garagenbegrünung mit *Clematis* 'Lady Betty Balfour', *C. tangutica*, *C.* 'Jackmanii' und *C.* 'Lasurstern'
15 Wasserbecken beim Eingang mit Staudenbeeten (*Thalictrum aquilegifolium*, *Carex pendula*, *Deschampsia caespitosa*)
16 Zaunbegrünung mit *Clematis* 'Perle d'Azur', *Clematis tangutica* und wegebegleitendem Frauenmantel (*Alchemilla mollis*)
17 Rose 'Cardinal Hume'
18 Rose 'Elmshorn'
19 Rose 'American Pillar' mit Blutweiderich (*Lythrum salicaria*)

stehenden Fläche ab. Große Gewässer sind sehr arbeits- und zeitaufwendig herzustellen und brauchen entsprechende Pflege. Zudem ist für einen sehr großen Teich auch eine größere Anzahl von Wasserpflanzen notwendig – und dies nicht nur aus gestalterischen Gründen! Eine umfangreiche Bepflanzung verhindert die Eutrophierung des Gewässers und beugt der übermäßigen Algenbildung vor. Die verschiedenen Sumpf- und Wasserpflanzen bevorzugen unterschiedliche Pflanztiefen; das Sumpf-Vergissmeinnicht und die Sumpfdotterblume fühlen sich im dauerfeuchten Boden des Teichrandbereichs wohl, die Blumenbinse bevorzugt eine Wassertiefe von 0 bis 30 cm, Seerosen brauchen hingegen schon mehr als 30 cm, um optimal zu gedeihen. Bei der Auswahl der Teichpflanzen sind deren Größe und übrigen Wachstumseigenschaften einzukalkulieren. Einige sich stark ausbreitende Sumpf- und Wasserpflanzen wie der Rohrkolben können frei ausgepflanzt zu einer kleinen Plage werden. In wurzeldichten Gefäßen findet hingegen ihre Entwicklung schnell Grenzen.

Wenn Zierfische und Amphibien im Teich gehalten werden sollen, ist eher die Höhe des Wasserstands als die Größe des Gewässers entscheidend. Der Abstand zur Wasseroberfläche sollte an der tiefsten Stelle deutlich über 1 m betragen, damit diese Zone zuverlässig frostfrei bleibt. Auch diese Voraussetzung lässt sich in kleinen Gärten ebenso herstellen wie auf sehr großen Grundstücken.

Der Garten als Wasserlandschaft

Oft wünscht man sich einen großen Gartenteich, hat aber nur eine verhältnismäßig kleine Fläche zur Verfügung. Die Lösung des Problems kann – wie in diesem Beispiel – einfach darin bestehen, dass man praktisch den gesamten Garten zum Wassergarten macht. Voraussetzung ist allerdings, dass auch die Wasserfläche selbst als blühendes Beet genutzt und die Planung insgesamt abwechslungsreich gestaltet wird.

Die zur Gartenseite hin ausgerichteten Wohnräume des Hauses haben direkten Zugang zur holzgedeckten Terrasse, die sich in Teilen über die Wasserfläche spannt. So wird die Nähe des Wassers besonders gut erfahrbar. Mittels eines Verbindungsstegs gelangt man trockenen Fußes über den Teich zum Pavillon, der mit Pfeifenwinde (*Aristolochia macrophylla*) begrünt und mit hohen, Feuchtigkeit liebenden Stauden umwachsen ist (Wiesenraute/*Thalictrum dipterocarpum* und Wasserdost/*Eupatorium purpureum*). Auf der anderen Seite kann man den Pavillon wieder verlassen. Auf dem Wiesenweg entlang des Teichrands begegnet man dem hellblauen Sumpf-Vergissmeinnicht (*Myosotis palustris*), dem hohen Blutweiderich (*Lythrum salicaria*) und der blauen Wieseniris (*Iris sibirica*). Im Überschwemmungsbereich bei der Terrasse wurden niedrig wachsende Weiden (*Salix purpurea* 'Gracilis') mit Jakobsleiter (*Polemonium caeruleum*), Trollblume (*Trollius europaeus*), Sumpfdotterblume (*Caltha palustris*) und nochmals Sumpf-Vergissmeinnicht vergesellschaftet. In den seichten Abschnitten des Teichs blühen gelbe Sumpf-Schwertlilien (*Iris pseudoacorus*), weiße Sumpfcalla (*Calla palustris*) und zart rosafarbene Blumenbinsen (*Butomus umbellatus*). Die tieferen Bereiche in der Mitte des Teichs bleiben den Seerosen (*Nymphaea* x *hybrida*) und den Mummeln (*Nuphar lutea*) vorbehalten.

Die Form des Teiches wird von einem Blütenbeet mit Rosen und Stauden aufgenommen; die reich- und öfter blühenden Strauch- und Beetrosen 'American Pillar', 'Elmshorn' und 'Cardinal Hume' setzen kräftig rosafarbene und dunkelrote Akzente, die vom gelblich-grün blühenden Frauenmantel *(Alchemilla mollis)* und nochmals dem violettroten Blutweiderich und den am Zaun entlangwachsenden *Clematis (C.* 'Perle d'Azur' und *C. tangutica)* Gesellschaft bekommen.

Der Wasser-Vorgarten

Auf der Eingangsseite des Hauses greifen zwei lange, steinerne Becken das Wasserthema auf. Schattenverträgliche und Feuchtigkeit liebende Stauden *(Thalictrum aquilegifolium, Carex pendula* und *Deschampsia caespitosa)* breiten ihre Blätter und Halme über die Becken. Vorbei an der vollständig mit Clematis ('Lady Betty Balfour', 'Jackmanii', 'Lasurstern' und *Clematis tangutica)* eingegrünten Garage

gelangt man wieder zurück zum Teich. Haus- und Garagenecken werden von Bambus *(Sinarundinaria murielae)* und Chinaschilf *(Miscanthus sinensis)* zusammen mit Tafelblatt *(Rodgersia tabularis)* abgemildert bzw. abgedeckt. Die Teichrandbepflanzung bis hin zum Pavillon besteht aus weißen und blauen Dreimasterblumen *(Tradescantia andersoniana)*, gelben Trollblumen *(Trollius chinensis)* sowie blau- und weiß-gelb blühenden Iris *(Iris sibirica* und *Iris ochroleuca)*.

Der natürliche Garten

Obgleich nicht einmal Fachleute immer ganz einig sind, was einen natürlichen Garten auszeichnet, ist er heute doch für viele Menschen das Wunschbild eines idyllischen Gartens, der nicht 'über-gestaltet' ist und wo es auch wild anmutende Bereiche geben darf. Genau in diesem Sinne versteht sich auch dieser

Planungsvorschlag nicht streng als Garten mit ausschließlich einheimischen Wildgehölzen, sondern als naturnah gestalteter, wildromantischer Erlebnisgarten.

Üppige Blütenfülle nach der Natur

In diesem Fall handelt es sich um einen kleinen Reihenhausgarten, dessen von der Terrasse leicht abfallendes Niveau Gelegenheit zur Anlage eines geschwungenen Wiesenwegs bietet. Unter zwei rosafarbenen Sommerfliedern hindurch führt der Weg durch eine üppig blühende Blumenwiese mit blauem Wiesensalbei, weißen Margeriten und blauen Flockenblumen. In einem kleinen Beetstreifen am Zaun gedeiht die feuchte Böden liebende Wiesenraute. Der Frauenmantel – eine attraktive, robuste Wildstaude – säumt den Wegeverlauf und lässt Wiese und Wegebereich harmonisch ineinander übergehen. Während die Blumenwiese nur zweimal im Jahr – am besten

Immergrün *(Vinca minor)* ist ein reizvoller Bodendecker.

mit der Sense – gemäht werden sollte, wird der Weg durch kurz geschnittenes Gras markiert. Auf beiden Seiten ist er durch Wasserrinnen aus Naturstein begrenzt, die in einem Ring um den kreisrunden, inselartigen Sitzplatz münden. Ein Pumpsystem führt das Wasser von dort unter dem Erdboden wieder zurück nach oben. Der Sitzplatzbelag besteht aus weißem Kleinsteinpflaster. Hinter dem Sitzplatz decken zwei höher wachsende Rosen (*Rosa canina* und *Rosa rubiginosa*) das Zauneck ab. In ihrem Schatten gedeihen bis etwa 1,5 m hoch werdende Sträucher wie Hortensien und Kirschlorbeer sowie Stauden (Rodgersie und Schildfarn). Am Zaun wachsen mehrere Clematis

Pflanzschlüssel für den natürlichen Garten:

1 Sommerflieder (*Buddleia alternifolia*)
2 Strauch-Rosskastanie (*Aesculus parviflora*)
3 Frauenmantel (*Alchemilla mollis*)
4 Hangbepflanzung mit *Clematis* (*C. x jouiniana, C. recta* und *C. integrifolia*) und Immergrün (*Vinca major*)
5 Zaunbegrünung mit *Clematis alpina, Clematis viticella* und *Clematis macropetala*
6 Stauden um den Sitzplatz: Schaublatt (*Rodgersia podophylla*), Schneemarbel (*Luzula nivea*) und Schildfarn (*Polystichum sediferum*)
7 Rispen-Hortensie (*Hydrangea paniculata* 'Grandiflora')
8 Kirschlorbeer (*Prunus laurocerasus* 'Otto Luyken')
9 Wildrosen: *Rosa canina* und *Rosa rubiginosa*
10 Zaunbegrünung mit Brombeeren (*Rubus fruticosus*)
11 Wiesenraute (*Thalictrum aquilegifolium*)
12 Walnussbaum (*Juglans regia*/ niedrig bleibende Kultursorte), Stamm berankt mit Brombeeren, Unterpflanzung mit Immergrün (*Vinca minor*), Kaukasus-Vergissmeinnicht (*Brunnera macrophylla*), Lungenkraut (*Pulmonaria angustifolia*), Primel (*Primula vulgaris*) und Eisenhut (*Aconitum x napellus* und *Aconitum x arendsii*)
13 Blumenwiese mit Wiesen-Salbei (*Salvia pratensis*), Flockenblume (*Centaurea jacea*), Wiesen-Storchschnabel (*Geranium pratense*), Krokussen (*Crocus chrysanthus*) und Glockenscilla (*Hyacinthoides hispanica*)

zur Terrasse hinüber, die angrenzende Hangseite wird von niedrigen Clematis und Immergrün überwachsen. Das rechte hintere Garteneck bestimmt ein Walnussbaum, dessen Stamm mit Brombeeren bewachsen ist. Für den kleinen Garten sollte man unbedingt einen veredelten, klein bleibenden Walnussbaum auswählen, da die Wildform beträchtliche Höhen erreichen kann. Unter dem Baum wachsen sämtlich schattenverträgliche Pflanzen wie Immergrün, Kaukasus-Vergissmeinnicht, Lungenkraut, Primeln und Eisenhut. Der Boden sollte bei diesen Gewächsen nie austrocknen. Wie der Stamm des Baumes wird auch der Zaun von Brombeeren bewachsen.

Der begrünte Innenhof

Innenhöfe sind dadurch gekennzeichnet, dass sie auf zwei oder mehreren Seiten durch Hauswände, Mauern, hohe Zäune u.a.m. eingefasst werden. Die dadurch bedingte Begrenztheit solcher Gartensituationen bietet für die Gestaltung insofern gute Voraussetzungen, als bereits ein geschlossener Platzraum vorhanden ist, der nun nach Art eines Zimmers mit der eigenen Fantasie weiter ausgestaltet werden kann.

In Altstadtbereichen handelt es sich oft um ehemals gewerblich oder als Autoabstellplätze genutzte Hinterhöfe, die mit viel Phantasie zu kleinen grünen Paradiesen umfunktioniert werden können. In den 6oer und 70er Jahren entstanden viele so genannte Atriumvillen, die um einen Innenhof 'herumgebaut' wurden, aber auch heute entstehen wieder Häuser und Wohnungen,

Die Echte Quitte wächst zurückhaltend, blüht wunderbar und trägt attraktive Früchte.

deren kleine Gartenanteile auf mehreren Seiten von Mauern umgeben sind.

Die in Innenhöfen herrschenden Standortbedingungen unterscheiden sich in erster Linie durch die unterschiedliche Sonneneinstrahlung voneinander. Je kleiner die Fläche des Innenhofs und je höher die umgebenden Mauern, desto schattiger wird es dort sein. Ferner spielt die Lage und die Ausrichtung des Innenhofs zur Sonne eine wichtige Rolle: während nordseitig gelegene (oder allseits mit hohen Mauern umschlossene) Innenhöfe nur für gut schattenverträgliche Pflanzen die richtigen Bedingungen bieten, sind im Süden und günstigerweise auch im Westen der Sonne geöffnete Innenhofsituationen durchaus für lichthungrige Pflanzen geeignet.

Geometrische Formen und reizvolle Belagsmuster

Der folgende Planungsvorschlag liefert ein Beispiel für die vorgenannte Variante. Bei ausreichender Sonneneinstrahlung bietet das warme Mikroklima des Innenhofs gleichzeitig die Möglichkeit, mediterrane Pflanzen wie die Echte Quitte – in milderen Gegenden ersatzweise etwa auch die Feige oder den Mandelbaum – in Freilandpflanzung einzusetzen, ohne dass diese vom winterlichen Erfrieren bedroht wären. Unter dem in der Hofmitte postierten Strauch sind in vier quadratischen Pflanzbeeten mediterrane Stauden gepflanzt, denen ein wenig Beschattung durch die darüberhängenden Äste nichts ausmacht. Die niedrige, kleinblättrige Polsterglockenblume *(Campanula garganica)* bildet den niedrigen äußeren Saum. Ihre blauen Blüten harmonieren sehr schön mit den roten Backsteinen der Beetumrandung. Nach innen folgen das filigrane, weiß-rosafarbene Porzellanblümchen *(Saxifraga umbrosa)* und der aufrechte, purpurrosafarbene Ziest *(Stachys grandiflora* 'Superba'). Den Mittelpunkt aller vier Beete bilden kugelförmig geschnittene Buchsbäume. Diese Pflanze findet in den vier Ecken des Innenhofs nochmals Verwendung, allerdings können sich die Buchssträucher an diesen Stellen frei und ungeschnitten entfalten; denn hier sollen sie zwar die Raumkanten betonen, gleichzeitig aber auch mit organischen Formen abmildern. Die Ecksituationen fristen in diesem Planungsvorschlag kein Mauerblümchendasein, son-

Pflanzschlüssel für den begrünten Innenhof:

1   Quitte *(Cydonia oblonga)*
2   Quadratische Beete mit (von innen nach außen) kugelförmig geschnittenem Buchsbaum *(Buxus sempervirens* var. *arborescens)*, Ziest *(Stachys grandiflora* 'Superba'), Porzellanblümchen *(Saxifraga umbrosa)* und niedriger Glockenblume *(Campanula garganica)*
3   Äußere Segmentbeete mit Perovskie *(Perovskia abrotanoides)*, Palmlilie *(Yucca filamentosa)*, Storchschnabel *(Geranium endressii)* und Lavendel *(Lavandula angustifolia)*
4   Innere Segmentbeete mit ungeschnittenem Buchsbaum *(Buxus sempervirens* var. *arborescens)* und Heiligenblume *(Santolina chamaecyparissus)*
5   Kletterhortensie *(Hydrangea petiolaris)*
6   Clematis *(Clematis alpina)*
7   Brombeere *(Rubus fruticosus)*
8   Echter Wein *(Vitis vinifera)*

dern sind gestalterisch und auch vom Niveau her deutlich hervorgehoben. Je zwei unterschiedlich hohe, viertelkreisförmige Beete bieten Platz für viele Stauden und Gehölze. Die höheren Beete direkt in den Ecken beherbergen neben einem Buchsbaum je zwei Kletterpflanzen, wobei sich die lichthungrigeren Exemplare wie Wein und Brombeere an den sonnenexponierten Wänden entlang ranken, während sich die schattenverträglicheren Clematis und Kletterhortensien mit den weniger hellen und schattigen Partien begnügen. Für die Clematis ist auch die Beschattung des Fußes wichtig – eine Aufgabe, die hier die immergrüne Heiligenblume *(Santolina chamaecyparissus)* übernimmt.

Attraktiv das ganze Jahr

In den unteren Eckbeeten dominiert die mit ihrem langen Blütenschaft hoch aufragende Palmlilie *(Yucca filamentosa)*. Diese mediterrane Staude bildet unnachahmlich schöne, weiße Glockenblüten aus und ist auch in unseren Breiten absolut winterhart. In hinterer Reihe wird sie von violettblauem Lavendel *(Lavandula angustifolia)*, vorne von rosafarbenem, teppichartigem Storchschnabel *(Geranium endressii)* begleitet. Links und rechts der Ruhebänke geben die feingliedrigen, silbrig-grünen Zweige der blau blühenden Perovskie den Ruhebänken eine Begrenzung. Sein angenehm aromatischer Duft und die lange Blütezeit machen den Strauch

Rhododendron yacushimanum 'Schneekrone' ist im Aufblühen hellrosa, dann reinweiß.

zum perfekten Begleiter für stimmungsvolle Sitzplätze.

Das Thema „Blattgrün" spielt in Innenhöfen insofern eine große Rolle, als dieser kleine Raum oft der einzige vorhandene Garten und zudem von mehreren Zimmern des Hauses aus einsehbar, also optisch stets präsent ist. Schon aus diesem Grund muss er das ganze Jahr hindurch einen besonders reizvollen Anblick bieten. Neben den Buchsbäumen und dem Heiligenkraut besitzt auch das Porzellanblümchen immergrünes Blattwerk. Aber auch die übrigen Pflanzen, etwa Quitte, Brombeere und Echter Wein, bieten im Herbst und Winter sehr schönes, teils lang haftendes Laub, das zusätzlich noch reich mit essbaren Früchten garniert ist. Die birnenförmigen Quitten setzen mit ihrem intensiven Gelb auffallende Akzente und können zudem nach der Ernte zu schmackhaften Gelees, Schnitten und anderen Erzeugnissen verarbeitet werden.

Zusätzlich lässt sich diese „feste" Bepflanzung sommers natürlich bestens durch mediterrane Kübelpflanzen ergänzen, die die kalte Jahreszeit im geschlossenen Raum verbracht haben. Zur Auswahl der Pflanzen siehe auch die Übersichtstabelle auf den Seiten 139–141.

Schattengarten in leuchtender Pracht

Schattige Bereiche gibt es in nahezu jedem Garten. Der Grund kann beispielsweise eine beengte Innenhoflage, ein alter Baumbestand, eine nahe herangerückte Nachbarbebauung oder auch eine ungünstige Ausrichtung des Grundstücks sein, bei der das eigene Wohnhaus Schatten auf den Garten wirft. In kleinen Gärten entstehen wegen der beengten Verhältnisse besonders oft schattige Bereiche. Darüber braucht man aber keineswegs zu verzweifeln, denn auch viele Blütenpflanzen gedeihen im Halb- oder gar Vollschatten sogar besser als in der prallen Sonne. In den vorangehenden Beispielen fanden sich bereits zahlreiche Planungsideen für schattige Bereiche. Bei einem richtiggehenden Schattengarten befinden

sich nun nahezu alle Bereiche im Halb- oder Vollschatten. Sonnenliebhaber unter den Pflanzen scheiden unter solchen Bedingungen von vornherein aus, da ihr Lichthunger durch anderweitige Korrekturmaßnahmen wie Düngung niemals ausgeglichen werden kann.

Lichte Blütenfülle vor dunklem Grün

Ziel der Planung war es in diesem Beispiel zunächst einmal, der 'Schattenquelle' – angenommen wurde ein nahe herangerückter alter Baumbestand (etwa am Waldrand) – ihre dominante Wirkung zu nehmen und gerade in die schattigsten Bereiche einen reichen, leuchtenden Blütenflor einzubringen. Ferner sollte die Aufmerksamkeit des Betrachters gezielt auf interessant kombinierte Blatt- und Wuchsformen gerichtet werden.

Die größtenteils schattige Lage des Gartens (mit etwa 180 m² Fläche) erforderte eine gezielte Auswahl der Pflanzen nach ihren Standortansprüchen. Gerade angesichts der Belichtungsverhältnisse wurde der größte Teil der Gartenfläche als ganzjährig nah erlebbare, organisch geformte Rabatte mit Gehölzen und Stauden geplant, die die natürlichen Formen der Waldlandschaft aufgreift.

Schattenstauden und -sträucher

In hinterer Reihe befinden sich zunächst benachbart zwei Blütenhortensien, die im Sommer und Herbst

Pflanzschlüssel für den Schattengarten:

1 Japanische Azalee (*Rhododendron* 'Diamant Purpur')
2 Rhododendron (*Rhododendron catawbiense* 'Grandiflorum')
3 Kletterhortensien (*Hydrangea petiolaris*)
4 Samt-Hortensie (*Hydangea aspera* ssp. *sargentiana*)
5 Rispen-Hortensie (*Hydrangea paniculata* 'Grandiflora')
6 Taglilien (*Hemerocallis* x *hybrida*)
7 Eisenhut (*Aconitum* x *arendsii* und *Aconitum* x *napellus*)
8 Berg-Flockenblumen (*Centaurea montana*)
9 Rodgersien (*Rodgersia podophylla*)
10 Wurmfarn (*Dryopteris filix-mas*)
11 Stechpalme (*Ilex aquifolium* 'Alaska')
12 Kirschlorbeer (*Prunus laurocerasus* 'Schipkaensis Macrophylla')
13 Yacushima-Rhododendron (*Rhododendron yacushimanum* 'Schneekrone')
14 Lupinen (*Lupinus* x *hybridus*)
15 Rippenfarn (*Blechnum spicant*)
16 Zimt-Himbeere (*Rubus odoratus*)
17 Fiederspiere (*Sorbaria sorbifolia*)
18 Skimmie (*Skimmia japonica*)
19 Astilbe (*Astilbe simplicifolia* 'Praecox Alba')
20 Bergenie (*Bergenia cordifolia*)
21 Säulen-Stechpalme (*Ilex aquifolium* 'Pyramidalis')

für weiße, rosafarbene und rote Blütenfülle sorgen (*Hydrangea paniculata* 'Grandiflora' und *Hydrangea aspera* ssp. *sargentiana*). Zu ihnen gesellt sich die mittels Haftwurzeln an der Mauer emporklimmende, etwas früher blühende weiße Kletterhortensie *(Hydrangea petiolaris)*. In der hinteren Ecke bilden drei Sträucher mit glänzendem, ganz oder teilweise immergrünem Blattwerk den sanften Höhenübergang nach unten (*Ilex aquifolium* 'Alaska', *Prunus laurocerasus* 'Schipkaensis Macrophylla' und *Rhododendron yacushimanum* 'Schneekrone'). Ihre weißen Blüten bilden im Schatten hell erstrahlende Lichtpunkte. Zur Straßenseite hin fällt die Wuchshöhe der ausgewählten Sträucher – Zimthimbeere, Fiederspieren und Skimmie – sanft ab. Selbstverständlich sind auch die Stauden nach ihrer Wuchshöhe angeordnet: hinten rosafarbene und weiße Taglilien (*Hemerocallis* x *hybrida*), Eisenhut (*Aconitum* x *arendsii* und *Aconitum napellus*), Rodgersie (*Rodgersia podophylla)*, Wurmfarn *(Dryopteris filix-mas)* und blau-weiße Lupinen (*Lupinus* x *hybridus*), vorne Bergflockenblumen (*Centaurea montana* 'Grandiflora'), Rippenfarn *(Blechnum spicant)*, Bergenien *(Bergenia cordifolia)* und schließlich weiße Astilben *(Astilbe simplicifolia)*. Der aufgekieste Weg zwischen Haus und Garage führt direkt zur Haustüre, die von zwei säulenähnlich wachsenden, schattenverträglichen Stechpalmen (*Ilex aquifolium* 'Pyramidalis') betont wird. Sie schmücken den Eingang ab Herbst mit ihren roten Beeren. Bei der ebenfalls noch im Halbschatten liegenden Terrasse haben sich eine violettblaue Azalee und ein etwas höherer Rhododendron zusammengefunden, die mit ihrem immergrünen Blattwerk den Wechsel der Jahreszeiten überdauern. Im Frühjahr, wenn die umstehenden Großbäume noch mehr Licht durch ihr Geäst dringen lassen, kündigen zahlreiche weiße, gelbe und blaue Krokusse die warme Jahreszeit an.

Der blühende Balkon

Wohnungsbesitzer und -mieter müssen sich oft mit dem Balkon als grüner Oase bescheiden. Es lässt sich jedoch auch hier ein blühendes Paradies schaffen, das das ganze Jahr über Freude bereitet. Fällt der Balkon noch kleiner aus als in diesem Beispiel, können einfach einige der Pflanzgefäße und Pflanzen weggelassen werden, ohne dass das Gesamtbild schweren Schaden nähme. Im Beispiel wurde darauf geachtet, dass die ausgewählten Pflanzen robust gegenüber austrocknenden Böden sind oder diese sogar lieben. Das heißt nicht, dass sie nicht ge-

Üppig blühende Kapuzinerkresse *(Tropaeolum)*.

gossen werden müssten, jedoch lassen sie an heißen Tagen auch nicht gleich die Blütenköpfe hängen.

Den Platz optimal genützt

Der Balkontrog auf der Längsseite ist mit einer dichten Lavendelhecke bepflanzt, die Sichtschutz bietet, aber dennoch genug Sonne durchlässt. An der Innenseite befinden sich blaue Teppichastern und Staudenbleiwurz. Im links vorgehängten, etwa 40 cm breiten und tiefen Balkonkasten haben der hellviolette Steinquendel, das rosa blühende Teppichseifenkraut und hellrosa

Pflanzschlüssel für den blühenden Balkon:

1. *Buxus sempervirens* var. *arborescens* im Pflanztrog, zusammen mit Schwertlilien (*Iris barbata-elatior*) und Schleifenblume (*Iberis sempervirens*)
2. Pelargonien in Töpfen (*Pelargonium peltatum* und *Pelargonium zonale*)
3. Storchschnabel (*Geranmium cinereum*)
4. Steinquendel (*Calamintha nepeta*)
5. Kapuzinerkresse (*Tropaeolum*-Hybriden)
6. Seifenkraut (*Saponaria ocymoides*)
7. Lavendel (*Lavandula angustifolia*)
8. Aster (*Aster sedifolius* 'Nanus')
9. Staudenbleiwurz (*Ceratostigma plumbaginoides*)
10. Sonnenblume (*Helianthus annus*)
11. Salbei (*Salvia haematodes* 'Mittsommer')
12. Oregano (*Origanum laevigatum* 'Herrenhausen')
13. Frühlingsplatterbse (*Lathyrus vernus*)
14. Steinquendel (*Calamintha grandiflora*)
15. *Buddleia davidii* 'Empire Blue' im Steintrog, unterpflanzt mit Ehrenpreis (*Veronica spicata* ssp. *incana*)
16. Pflanztrog mit Pelargonien, Pfingstnelke (*Dianthus gratianopolitanus*) und Prachtsedum (*Sedum spectabile*)
17. Staudenpalmlilie (*Yucca filamentosa*)
18. Perovskie (*Perovskia abrotanoides*)
19. Ysop (*Hyssopus officinalis*)

Pflanzschlüssel für die Heidelandschaft im Vorgarten:

1 Säulen-Wacholder
   (*Juniperus communis* 'Hibernica')
2 Gemeiner Wacholder
   (*Juniperus communis*)
3 Elfenbein-Ginster
   (*Cytisus* x *praecox* 'Allgold' und 'Albus')
4 Erika (*Erica carnea*)

Storchschnabel zusammen gefunden, während der innere rechte Kasten durch Oregano, Wicken, hellviolettblaue Blütensalbei, Bergquendel und die außen postierten Sonnenblumen geprägt ist. Auf der Außenseite der Kästen darf sich die üppige Kapuzinerkresse ausbreiten, die sowohl mit ihren orange-gelben Blüten als auch mit einem dekora-

tiven, lange grün bleibendem Blattkleid beeindruckt. In Stein- oder Terrakottatrögen links und rechts des Balkonausgangs wachsen der immergrüne Buchsbaum zusammen mit Schleifenblume und Schwertlilien, lavendelblauer Schmetterlingsflieder zusammen mit Ehrenpreis und (nicht winterharte) Pelargonien in Gemeinschaft mit Nelken und Sedum. Robuster Winterjasmin streckt seine bogigen Triebe über den Rand eines Pflanzgefäßes und erfreut während vieler Wintermonate mit seinen kleinen gelben Blüten. In separaten Kübeln haben eine Stauden-Palmlilie, eine Perovskie und der Ysop Platz gefunden.

Die kleine Heidelandschaft im Vorgarten

Vorgärten werden manches Mal aus verschiedenen Immergrünen und anderen, relativ zufällig ausgewählten Pflanzen gestaltet. Der Vorgarten in unserem Beispiel verfolgt demgegenüber ein einheitliches Gestaltungskonzept: Hier wurden einige der wichtigsten und gestalterisch reizvollsten Heidepflanzen auf kleinster Fläche miteinander kombiniert. Bereits am Holz-Staketenzaun begrüßt eine halbhohe Blütenhecke aus gelbem und weißem Ginster den Ankommenden, gleich hinter der Gartentüre leuchten rosa-violett blühende Erika hervor. Weißer und gelber Ginster säumt den kurzen Weg zum Hauseingang, der durch zwei säulenförmig wachsende Wacholder torartig betont wird. Rechts und links bilden breit wachsende Gemeine Wacholder einen interessanten Gegensatz zu den schmal-aufrechten Säulenwacholdern. Alle in diesem Vorgarten eingesetzten Pflanzen brauchen einen Boden mit hohem Torfanteil, um optimal zu gedeihen.

Der grüne Carport

Dieser begrünte Carport dient nicht nur als Autoabstellplatz, son-

Pflanzschlüssel für den grünen Carport:

1 Hibiskus (*Hibiscus syriacus* 'Totus Al-bus')
2 Hibiskus (*Hibiscus syriacus* 'Blue Bird')
3 *Clematis viticella*
4 *Clematis* x 'Jackmanii'
5 Kletterrose 'Albertine'
6 *Clematis* 'Perle d'Azur'
7 Kletterrose 'Christine Wright'
8 *Clematis* 'Mme Le Coultre'
9 Muskateller-Salbei (*Salvia sclaerea*)
10 Blütensalbei (*Salvia nemorosa*)
11 Gewürz-Salbei (*Salvia officinalis*)
12 Blauschwingel (*Festuca glauca*)

Links: Erika *(Erica carnea)* liebt Böden mit Torfsubstrat.

dern auch als überwachsene Pergola. Die Grundkonstruktion aus Holz trägt ein Satteldach aus Titan-Zinkblech oder Stahl. Darüber befindet sich eine filigrane, bogenförmige Eisenkonstruktion, die schwarz pulverbeschichtet wurde und ebenso wie die hölzernen Seitenteile vollständig überwachsen werden kann. Als Kletterpflanzen wurden klassisch schön harmonierende Blütenpartner, Rosen und Clematis, eingesetzt. Die vier Ecken des Carports wurden mit weißem und blau-violett blühenden Hibiskus betont. Durch seinen aufrechten, fast säulenförmigen Wuchs wird die Einfahrt in den Carport nicht behindert. In den schmalen Beeten links und rechts des Car-

ports leisten sich verschiedene Salbei-Arten und Blauschwingel Gesellschaft. Als Beeteinfassung wurden hochkant verlegte Klinker verwendet.

Das Küchengärtlein en miniature

Das Grundgestaltungsprinzip des Bauerngartens wurde hier auf ein einzelnes, etwa 2,5 x 2,5 m großes Beet übertragen, das mit Kräutern, Gemüse und Blumen attraktiv bepflanzt ist. Die Randbepflanzung besteht aus Lavendel, dessen letztjährigen Triebe zur Gesunderhaltung übrigens jedes Frühjahr stark

zurückgeschnitten werden müssen. Von vier Seiten führen Wege aus Porphyr-Trittsteinen nach innen, die die Bearbeitung und die Ernte erleichtern. Zwischen den Trittsteinen und an ihrem Rand gedeihen verschiedene Arten von Thymian, im Zentrum der kleinen Wegeachsen befindet sich ein – je nach Geschmack in Form geschnittener oder frei wachsender – Buchsbaum. In jedem der Beete halten sich hübsche Cocktailtomaten an Stangen fest. In zwei äußeren Ecken thronen Fenchel und Dill, die beide imposante Wuchshöhen von bis zu 2 m erreichen. Grüner Kopfsalat findet sich neben orange und gelb blühenden, einjährigen Ringelblumen, nebenan bilden die großen

Pflanzschlüssel für das Küchengärtlein en miniature:

1 Buchsbaum *(Buxus sempervirens* var. *arborescens)*
2 Kriechender Thymian *(Thymus serpyllum)*
3 Thymian *(Thymus vulgaris)*
4 Cocktail-Tomaten
5 Beeteinfassung mit Lavendel *(Lavandula angustifolia)*
6 Beetviertel mit Fenchel, Kopfsalat und Ringelblumen *(Calendula)*
7 Beetviertel mit Dill, Rhabarber, Oregano *(Origanum laevigatum)* und Karotten
8 Beetviertel mit Gewürz-Salbei *(Salvia officinalis)*, Blaukraut und Petersilie
9 Beetviertel mit Gewürz-Salbei, Ringelblumen und Zwiebeln

Blätter des Rhabarbers einen reizvollen Kontrast zu den gänzlich anderen Blattformen und -farben des Dills, der Karotten und des Oregano. Vorne gedeihen zwei Sträucher Gewürzsalbei zusammen mit Zwiebeln, Petersilie und Blaukraut.

Fassadenschmuck mit Kletterpflanzen

Gerade in Altstadtbereichen – aber keineswegs nur dort – steht um das Haus sehr wenig nutzbarer Raum zur Verfügung, der begrünt werden könnte. Aus dieser Not lässt sich eine Tugend machen, indem man den Garten einfach in die Senkrechte verlegt. In diesem Beispiel wurde das Haus auf allen Seiten mit teils selbstklimmenden, teils eine Kletterhilfe benötigenden Pflanzen begrünt. Die dem Betrachter auf der Illustration zugewandte

Fassadenseite ist auf beiden Stockwerken mit einem starken Klettergerüst ausgestattet, sodass sie vollständig begrünt werden kann. Klettergrüste diesen Ausmaßes gibt es selten fertig zu kaufen, jedoch lassen sie sich leicht selber herstellen. Am besten geeignet dazu sind ca. 3,5 cm starke Holzlatten. Auf dieser Eingangsseite dominieren die wunderbar in hellviolett und weiß blühende Wisterie und verschiedene Clematis unterschiedlicher Wuchshöhe. Der Eingang wird von zwei immergrünen Kirschlorbeer flankiert, in den Beeten daneben beschatten Frauenmantel, Funkien und Ysander mit ihren großen Blättern den Fuß der Clematis. Auf der rechten Hausseite, die nach Süden ausgerichtet ist, wächst ein Spalier-Birnenbaum, links auf der schattigen Nordseite Efeu in Gesellschaft mit ebenfalls hoch werdender weißer und rosafarbener *Clematis montana*.

Oben: Gemüse; Kräuter und Stauden fügen sich im Küchengärtlein zum harmonischen Miteinander.

Unten: Kletterpflanzen wie Clematis oder Kletterhortensie passen gut zu Backsteinmauerwerk.

Das immergrüne Efeu *(Hedera helix)* kann mit der Zeit ganze Fassaden begrünen.

Bevor man daran geht, die eigenen vier Hauswände zu begrünen, sollten die Pflegeansprüche und Wuchseigenschaften der Kletterpflanzen bedacht werden. So brauchen etwa die großblumigen Clematis-Hybriden in gewissen Abständen einen starken Rückschnitt, der pflegeleichte Efeu erklimmt leicht mehrere Stockwerke.

Pflanzschlüssel für die geschmückte Fassade:

1 Nordfassade mit Efeu *(Hedera helix)*, *Clematis montana* und *Clematis montana* 'Rubens'
2 Westliche Eingangsfassade mit Wisterie *(Wisteria sinensis* und *Wisteria floribunda* 'Alba'), Clematis (*C. viticella*, *C. viticella* 'Alba luxurians', *C.* 'William Kennett', *C.* 'The President'; unter den Fenstern *C. macropetala / macropetala* 'Maidwell Hall')
3 Südfassade mit Birnenspalier *(Pyrus pyraster)*
4 Kirschlorbeer *(Prunus laurocerasus* 'Herbergii')
5 Beete mit Frauenmantel *(Alchemilla mollis)*, Funkien *(Hosta lanceifolia)* und Ysander *(Pachysandra terminalis)*.

Die attraktive Blütenhecke

Im kleinen Garten können zwar keine hohen Blütenhecken mit Gehölzen von über 10 m Höhe angelegt werden, aber dennoch lassen sich geringe zur Verfügung stehende Flächen zu sehr dekorativen 'blühenden Wänden' gestalten. Vor der sehr früh blühenden, hübsch fruchtenden Kornelkirsche reihen sich die ebenfalls früh blühende cremegelbe Heckenkirsche, eine weiße Deutzie und die charmante, rosa blühende und graublau beblätterte Hechtrose, die malerisch von der niedrig bleibenden *Clematis macropetala* überwachsen werden. Niedrige Deutzien und ebenfalls weiß blühende Kartoffel-

rosen bilden die nächste Reihe, davor schließt *Clematis* x *durandii* die Blütenhecke ab. Wenn es sehr beengt zugeht, kann man auf die Kornelkirschen auch (allerdings schweren Herzens) verzichten.

Ihre Verträglichkeit für halbschattige Standorte macht die zierliche Deutzie zu einer guten Wahl für lockere Blütenhecken.

Pflanzschlüssel für die attraktive Blütenhecke:

1   Kornelkirsche *(Cornus mas)*
2   Heckenkirsche *(Lonicera* x *purpusii)*
3   Hechtrose/ Rotblättrige Rose *(Rosa rubrifolia)*
4   Deutzie *(Deutzia scabra* 'Plena')
5   Niedrige Deutzie *(Deutzia gracilis)*
6   Kartoffelrose *(Rosa rugosa* 'Alba')
7   *Clematis macropetala*
8   *Clematis* x *durandii*

Oben: Blüte und Blatt der
Hortensie bereichern schattige
und halbschattige Standorte.

Rechts: Rote Beeren bringen
Farbe in den kleinen Garten.

Pflanzen für kleine Gärten

Die besten Pflanzen für beengte Verhältnisse

Die wunderbar blühende Strauchpaeonie braucht besonders wenig Platz.

Die schier unübersehbare Zahl von Pflanzen, die sich für den kleinen Garten eignen, macht manches Mal schon ein wenig ratlos. Sicherlich scheiden bei der Auswahl einige Großbäume durch ihr Wachstum von vorneherein aus, aber es bleibt noch eine unübersehbare Menge von Pflanzen übrig und vor allen Dingen eine ganze Reihe unterschiedlichster Aspekte zu bedenken: Wie groß und breit wird die Pflanze, welche Standort- und Pflegeansprüche hat sie, wie verhält es sich mit Blütenfarbe und Blütezeit, welche Form und Färbung besitzen die Blätter und die Früchte, ist die Pflanze immer- oder sommergrün, frosthart oder eher empfindlich, welche Arten und Sorten sind besonders attraktiv. Diese und viele andere Fragen werden im folgenden Porträtteil eingehend behandelt. Eine übersichtliche Gliederung, knappe und doch informative Formulierungen, Piktogramme zu den wichtigsten Ansprüchen der jeweiligen Pflanze und aussagekräftige Bildporträts garantieren einen hohen Nutzeffekt.

Bäume für kleine Gärten

Acer platanoides 'Globosum'

Kugelahorn

Verbreitungsgebiet/Vorkommen:
Kugelahorn ist eine Veredlungsform; Spitzahorn in Mitteleuropa
bis Westasien; meist in Laubmischwäldern, in Feldhecken.

Wuchs, Zweige und Rinde: Durch
Kronenveredlung entstandene
Sorte; bildet regelmäßige, schirm-
förmige Kronen; Höhe ca. 4 m;
Zweige glänzend hellbraun.

Blüte und Frucht: Unbedeutend.

Blatt: Sommergrün; Farbe glänzend grün, Herbstfärbung gelb;
Form spitz 5 bis 7-lappig,
gestielt.

Klima, Boden und Standort: Sonne
bis leichter Schatten; sehr frosthart,

Wärme liebend, hitzeverträglich,
aber frische bis feuchte Böden bevorzugend; sonst anspruchslos an
das Substrat, nur keine stark sauren
Böden.

Verwendung: Als Hochstamm für
kleine Gärten, besonders für geo-
metrische Anlagen, zur Durchgangsbetonung und Wegebegleitung; auch für Kübelkultur (z. B. auf
größeren, belastbaren Dachterrassen).

Pflege und Schnitt: Wurzelbereich
grasfrei halten, mit Stauden be-
pflanzen, nicht bearbeiten; in langen Trockenperioden wässern;
Schnitt ist nicht notwendig, da sich
die rund-ovale Kronenform von
selbst einstellt.

Der Jahreszeiten-Tipp: Wertvoll
durch dichtes Blattwerk und schöne
Herbstfärbung.

Besonderheiten: Die dicht verzweigte Krone bietet Vögeln Nistgelegenheit und Schutz.

Walnuss

V   5–7 m

Juglans regia

Walnuss

Verbreitungsgebiet/Vorkommen:
Südosteuropa bis Westasien;
vor allem in Laubmischwäldern
und Auwäldern, am Waldrand.

Wuchs, Triebe und Rinde: Als
Wildform hoher Baum (Baum 2.
Ordnung), aber viele veredelte
Zuchtsorten mit deutlich geringerer Höhe, bis etwa 5 m; rund-
kronig, mit meist kurzem Stamm,
locker belaubt; glänzend olivgrüne Zweige; Rinde silber-grau,
glatt, in späteren Jahren borkig.

Blüte und Frucht: Blüten im
Mai, unauffällig; 2 bis 3 cm große,
grüne Steinfrüchte (Steinnüsse);
Nüsse bis ca. 5 cm lang, mit
harter, zweigeteilter Schale;
essbar.

Blatt: Sommergrün; dunkelgrün,

4 m

Kugelahorn

spät austreibend, relativ früher Blattfall (bis Anfang November).

Klima, Boden und Standort: Volle Sonne; an sich frosthart (siehe unten); bevorzugt mittelschwere bis schwere Böden (vor allem Lehmböden) mit guter Kalk- und Nährstoffversorgung bei gutem Wasserabzug.

Verwendung: Bestimmte Sorten (gemäß der traditionellen Verwendung) als Haus- und Hofbaum, Wildform wegen der beachtlichen Endgröße für kleine Gärten nicht geeignet.

Pflege und Schnitt: Der Walnussbaum reagiert empfindlich auf Schnitt (mit starkem Saftfluss), der deshalb möglichst ganz unterbleiben sollte; wenn unbedingt notwendig, nur im Sommer schneiden.

Der Jahreszeiten-Tipp: Der Walnussbaum bietet dem Ganzjahresgarten vor allem einen sehr schönen Habitus und eine reizvoll silbergraue Rinde, wohlgeformte, frischgrüne Blätter und essbare Früchte; die wenigen Nachteile, wie etwa eine gewisse Frostanfälligkeit der Blüten und die relativ kurzzeitige Belaubung, werden durch die Vorteile mehr als wettgemacht.

Besonderheiten: Die Blüten sind empfindlich gegen Spätfröste, die Fruchtbildung daher etwas unsicher; auch beim Laubaustrieb treten teils Schädigungen durch Spätfröste auf; verschiedene, in milden Lagen angebaute Zuchtformen tragen besonders große und wohlschmeckende Früchte; die Walnüsse können im Ofen getrocknet sehr lange aufbewahrt, unverarbeitet gegessen oder als Zutat für Weihnachtsplätzchen etc. verwendet werden; ferner bietet der Walnussbaum Tieren Nahrung, Unterschlupf und Nistmöglichkeiten.

Crataegus laevigata
Zweigriffliger Weißdorn

Verbreitungsgebiet/Vorkommen: In weiten Teilen Europas verbreitet; in Kiefern- und Laubmischwäldern, meist am Waldrand und an lichteren Plätzen, in Hecken und Gebüschen, an Felshängen.

Wuchs, Zweige und Rinde: meist Großstrauch, bis ca. 5 m hoch, unregelmäßiger Habitus, langsam wachsend; Zweige sind oliv-grau bis grau-braun, mit Dornen besetzt; Rinde glatt, erst in höherem Alter als flachschuppige Borke.

Blüte und Frucht: Blüten im Mai, weiße (teils hellrosafarbene) Doldenrispen, Insektenbestäubung; Früchte ab September, rote Beeren, eilänglich-kugelförmig, essbar, allerdings nicht wohlschmeckend.

Blatt: Sommergrün, Austrieb ab An-

Zweigriffliger Weißdorn

fang April; Farbe dunkelgrün (Oberseite); matt hellgrün (Unterseite), im Herbst zu gelb bis orange wechselnd; Form verkehrt eiförmig, Blätter 3- oder 5-lappig, wechselständig angeordnet.

Klima, Boden und Standort: In der Sonne einsetzbar, aber lichten Schatten bevorzugend; frosthart; besonders gut gedeihend auf allen ausreichend lockeren Lehmböden mit annähernd neutralem pH-Wert, an luftfeuchtem und warmem Standort; nicht auf zu leichten Substraten (reine Sandböden) und dauerhaft austrocknenden Böden; allgemein sehr robust, aber salzempfindlich.

Verwendung: In Gärten ab etwa 300 m² ; am besten in naturnahen Pflanzungen, in Gehölzgruppen und ungeschnittenen Hecken, mit anderen Wildgehölzen und Wildstauden.

Pflege und Schnitt: Größere Pflegemaßnahmen normalerweise bei guter Standortwahl kaum notwendig; verträgt Schnitt, wenn einmal notwendig, sehr gut.

Der Jahreszeiten-Tipp: Im zeitigen Frühjahr besonders wertvoll wegen des sehr frühen Laubaustriebs; zur Fortsetzung der Blütezeit kann der Zweigrifflige Weißdorn mit dem etwa 2 bis 3 Wochen später blühenden Eingriffligen Weißdorn (siehe unten) zusammen gepflanzt werden; gute Partner zur Unterpflanzung im naturnahen Garten sind etwa auch Vergissmeinnicht, Lichtnelke und Berg-Flockenblume; im Spätsommer/Frühherbst nochmals wunderschön durch die zahlreichen roten Früchte und die danach einsetzende gelbe Färbung der Blätter.

Besonderheiten: Recht intensiver, etwas unangenehmer Geruch, deshalb nicht in die unmittelbare Nähe von Sitzplätzen pflanzen; wichtiges Insektennährgehölz; bietet Vögeln Schutz, Nistgelegenheit und Nahrung; da der Weißdorn ein

Zwischenwirt für den Feuerbrand ist, kann dies u. U. in Obstbaugegenden problematisch sein, ansonsten kann er aber ohne Einschränkungen gepflanzt werden.

Weitere empfehlenswerte Art/Sorte: *Crataegus laevigata* 'Paul's Scarlet', Rotdorn, besitzt gefüllte karminrote Blüten, die farblich etwas veränderlich sind; Blütezeit etwa wie die Art; sowohl als Zierstrauch als auch als kleiner Baum; attraktive Blüte, geringe Wuchshöhe und kleine Krone; *Crataegus monogyna,* Eingriffliger Weißdorn, in Eigenschaften und Ansprüchen sehr ähnlich *Crataegus laevigata,* wie dieser weiß blühend; allerdings Blüten 2 bis 3 Wochen später (Mai bis Juni), eingrifflig; Herbstfärbung noch etwas auffälliger (teils blutrote Blattfärbung); verträgt Sonne und Halbschatten gleich gut; kommt mit geringerer Boden- und Luftfeuchtigkeit zurecht.

Crataegus x *prunifolia*
Pflaumenblättriger Weißdorn

Verbreitungsgebiet/Vorkommen: Wohl ursprünglich Osten Nordamerikas.

Wuchs, Zweige und Rinde: Kleiner Baum oder Großstrauch, ca. 6 bis 9 m hoch, mit flachkugeliger Krone, Triebe mit ca. 4 cm langen Dornen.

Blüte und Frucht: Blüten Mai/Juni, schneeweiß, in Doldenrispen; Früchte klein, rot, gepunktet.

Blatt: Sommergrün; Farbe glänzend dunkelgrün, im Herbst nach orange bis rot verfärbend; Blattrand scharf gesägt.

Klima, Boden und Standort: Volle Sonne bis Halbschatten; frosthart; akzeptiert alle nicht zu schweren und vernässten Böden mit ausreichender Kalkversorgung; sehr widerstandsfähig, auch im Bereich von Straßen verwendbar.

V–VI   6–9 m

Pflaumenblättriger Weißdorn

Verwendung: wunderschönes, vom Charakter her sehr natürlich wirkendes Gehölz, dabei mit kompakter Kronenform auch geeignet für strenge Planungen; schöne flachkugelige Krone; vor allem als kleine Allee, zur Betonung von Durchgängen und Wegekreuzungen, zu zweien als 'natürliche Tore'; als Hochstamm oder Strauch erhältlich.

Pflege und Schnitt: kaum notwendig, Pflanze verträgt ihn aber recht gut.

Der Jahreszeiten-Tipp: ganzjährig sehr wertvoll: zur Blütezeit im Frühsommer, über das Jahr mit dem malerischen, glänzend dunkelgrünen und dann intensiv gefärbten Blatt sowie den hübschen kleinen Früchten; wirkt mit immergrünen Gehölzen gut zusammen, etwa vor einer hohen Eibenhecke.

Besonderheiten: Bietet Insekten und Vögeln Nahrung und Unterschlupf.

Weitere empfehlenswerte Arten und Sorten:
Crataegus coccinea, Scharlachdorn, ähnlich *Crataegus* x *prunifolia,* Blüten schneeweiß, glänzend scharlachrote Früchte, Blatt grob gesägt, rote Herbstfärbung, auch sehr gut als Heckenpflanze; *Crataegus* x *lavallei* 'Carrierei', Wuchs ähnlich den vorigen, Blüten weiß, rote Früchte, rote Herbstfärbung.

Elaeagnus angustifolia
Ölweide

Verbreitungsgebiet/Vorkommen: Südeuropa/mediterraner Bereich, West- und Mittelasien.

Wuchs, Zweige und Rinde: Kleiner Baum oder Großstrauch, ca. 6 bis 7 m hoch; Zweige wachsen malerisch sparrig, sind mit langen Dornen versehen; silberne, schuppige Rinde.

Blüte und Frucht: Blüten im April bis Juni, gelb, klein, Früchte gelb mit silbrigen Schuppen, ca. 1 cm im Durchmesser, länglich.

Blatt: Sommergrün; Farbe mattgrün/unterseits silbrig, schmal, kurz gestielt.

Klima, Boden und Standort: Volle Sonne; frosthart; praktisch keine Ansprüche an den Boden, nur keine vernässten Substrate; allgemein sehr robust.

Verwendung: Wunderschön in mediterranen Gärten, wegen relativ geringer Größe und reizvollem Aussehen sehr vielseitig einzusetzen, auch für kleine Gärten, sehr gut als Kübelpflanze.

Pflege und Schnitt: Pflanze bedarf kaum einer Pflege; nicht zu viel gießen; falls einmal notwendig, ist Rückschnitt im Winter möglich (Dezember bis März).

Der Jahreszeiten-Tipp: Die Ölweide ist ein äußerst wertvolles Gehölz für den Ganzjahresgarten; sowohl der malerische Wuchs als auch die Blattfärbung, die Blüten und die Früchte tragen hierzu bei; da sie gut winterhart ist, kann sie in der Gartenplanung auch statt des Olivenbaums eingesetzt werden; gute Blatt- und Blütenpartner zur Unter- oder Vorpflanzung sind etwa Perovskie, Heiligenkraut und Blütensalbei.

Ölweide

IV–VI   6–7 m

Besonderheiten: Entgegen des deutschen Namens gehört die Pflanze nicht zur gleichen Gattung wie die Weiden *(Salix).*

Hinweise zum Umgang: Vorsicht wegen der langen Dornen; am besten als Hochstamm kaufen.

Mispel

Mespilus germanica

Mispel

Verbreitungsgebiet/Vorkommen:
West- und Kleinasien, Süd- und
Südosteuropa; seit langem in
Mitteleuropa eingebürgert, in
Deutschland in Laubmischwäldern
der Mittelgebirge.

Wuchs, Zweige und Rinde: Kleiner
Baum, ca. 4 bis 6 m hoch; wenig
verzweigt, Baum ist meist schwach
bedornt; Rinde grau-braun ge-
schuppt.

Blüte und Frucht: Blüten im Mai,
weiß, bis ca. 5 cm groß; Früchte ab
Oktober, bis ca. 4 cm im Durchmesser, malerisches Aussehen,
bräunlich, essbar nach Frostein-
wirkung.

Blatt: Sommergrün; Farbe oberseits
glänzend dunkelgrün, gelbe Herbstfärbung, unten filzig behaart; Form
breit-länglich bis länglich-lanzettlich, bis ca. 15 cm lang.

Klima, Boden und Standort: Volle
Sonne; frosthart; wenig Ansprüche
an den Boden, allgemein robust.

Verwendung: Die Mispel ist in fast
jedem kleinen Garten einzusetzen
und kann aufgrund ihrer attraktiven Blätter und breit-rundlichen
Krone sehr gut am Rand von Sitzplätzen gepflanzt werden.

Pflege und Schnitt: Die Pflanze bedarf kaum einer Pflege; nicht zu viel
gießen; falls einmal notwendig, ist
Rückschnitt im Winter möglich (Dezember bis März).

Der Jahreszeiten-Tipp: Die Mispel

ist ein hervorragender kleiner Baum
für das ganze Jahr; neben der attraktiven Blüte sind besonders die
großen, länglichen, glänzend grünen Blätter sehr dekorativ, die sich
zudem im Herbst goldgelb färben;
die Unterpflanzung mit dem dun-
kelblauen Eisenhut (Aconitum x
arendsii) ergibt zusammen mit den
bräunlichen Mispelfrüchten eine
hübsche herbstliche Farbmischung.

Besonderheiten: Die Mispel war
lange Zeit ganz zu Unrecht als Gar-
tenpflanze in Vergessenheit geraten, ist aber heute im Sortiment guter Baumschulen wieder zu finden;
die Früchte können gegessen werden, wenn sie durch Fröste teigig
geworden sind, dürfen also nicht
vorher abgeerntet werden.

Platanus x *acerifolia*

Platane

Verbreitungsgebiet/Vorkommen:
Ursprung nicht bekannt, eingeführt vor 1700; Nordamerika, Südosteuropa bis Vorderasien; im mediterranen Raum weit verbreitet.

Wuchs, Triebe und Rinde: Freiwachsender Großbaum, bis über 30 m hoch, mit breiter Krone; malerische grau-grün gefleckte, im Frühjahr abblätternde Rinde.

Blüte und Frucht: Blüten im Mai, unauffällig; hängende Sammelfrüchte, bis zum Frühjahr an der Pflanze haftend.

Blatt: Sommergrün, grün, im Herbst gelb, lange an der Pflanze haftend, 3 bis 5-fach gelappt, Lappen zugespitzt, Blatt gestielt, Blattform der des Spitzahorns sehr ähnlich.

Klima, Boden und Standort: volle Sonne; frosthart; bevorzugt schwere bis mittelschwere Böden mit guter Nährstoffversorgung; dankbar für warmen Standort, aber nicht Bedingung, widerstandsfähig, auch gegen Luftverschmutzung.

Verwendung: In kleinen Gärten in der Regel nur mit Kronenschnitt einsetzbar; besonders für mediterran beeinflusste Gärten; als Haus- oder Hofbaum, besonders an Sitzplätzen; wirft einen lichten Schatten.

Pflege und Schnitt: Bei gutem Nährstoffgehalt des Bodens wenig Pflege erforderlich; insbesondere bei leichteren, sehr durchlässigen Böden ggf. düngen und wässern; der Kronenschnitt muss fachgerecht und regelmäßig ausgeführt werden.

Der Jahreszeiten-Tipp: Die besten Eigenschaften der Platane sind ihr reizvolles Laub, das den Baum lange ziert, und die außergewöhnliche Rinde, die besonders bei älteren Bäumen hervorragend zur Geltung kommt.

5–8 m

Platane

Kugelrobinie

4 m

Robinia pseudoacacia 'Umbraculifera'

Kugelrobinie

Verbreitungsgebiet/Vorkommen:
Veredlungsform; Art in Nordamerika, Vereinigte Staaten.

Wuchs, Triebe und Rinde: Meist kleiner Baum mit kugelförmiger Krone (Kronenveredlung), schwach wachsend, bis ca. 4 m hoch; unbelaubt teils etwas besenartiges Aussehen; junge Äste und Zweige oft mit Dornen besetzt, oliv- bis dunkelgrün; Rinde grau.

Blüte und Frucht: Keine Blüten- und Fruchtbildung.

Blatt: Sommergrün; oberseits lebhaft grün, unterseits graugrün; zu 9 bis 19 unpaarig gefiedert, Fiederblättchen elliptisch, klein, 3 bis 4 cm lang.

Klima, Boden und Standort: Volle Sonne; frosthart; stellt kaum Ansprüche an den Boden, falls nicht vernässt; akzeptiert auch leichteste Substrate; sehr widerstandsfähig gegen Luft- und Bodentrockenheit; allgemein sehr robust.

Verwendung: Besonders für Wegealleen, zur Durchgangsbetonung; auch für Kübelkultur bestens geeignet.

Pflege und Schnitt: Schnitt ist nicht notwendig, da sich runde Kronenform von selbst einstellt.

Heckenpflanzen für den Formschnitt

Carpinus betulus
Hainbuche, Weißbuche

Verbreitungsgebiet/Vorkommen: Nahezu ganz Europa; in Laubmischwäldern, Hecken und Feldgehölzen.

Wuchs, Zweige und Rinde: Freiwachsender Baum 2. Ordnung, ca. 10 bis 20 m hoch, aber in geschnittenen Hecken weit niedriger, ab ca. 1,5 m Höhe möglich; Krone frei wachsend eiförmig, hochgewölbt, krumm-gedrehte Stämme; Zweige grau-schwarz; Rinde grau, meist glatt.

Blüte und Frucht: Einhäusig, männliche Blüten um die Zeit des Blattaustriebs, gelbe Kätzchen; weibliche Kätzchen grün, unauffällig; Früchte im Oktober, braune Nüsschen, büschelförmig am Zweig angeordnet.

Blatt: Sommergrün; Farbe sattes Grün, im Herbst leuchtend gelb, dann verbräunend; ein Teil der Blätter haftet den ganzen Winter über an der Pflanze; Form länglich-eiförmig mit gesägtem Rand.

Klima, Boden und Standort: Volle Sonne bis Schatten; absolut frosthart; akzeptiert fast alle Böden, wenn nicht zu leicht oder zu schwer (Vernässungsgefahr), am besten auf kalk- und humushaltigen Böden; extreme Bodentrockenheit ist dem Gedeihen abträglich; salzempfindlich; sonst robust.

Verwendung: Eines der vielseitigsten und wertvollsten Wildgehölze, im kleinen Garten vor allem für geschnittene Hecken. Hainbuchen-Hecken eignen sich sehr gut zur Gliederung von Gartenräumen und als Hintergrund für Blütengehölze und -stauden.

Pflege und Schnitt: Plötzliches Freistellen älterer Hainbuchen sollte vermieden werden; Schnitt verträgt die Hainbuche hervorragend, falls sachgerecht ausgeführt.

Der Jahreszeiten-Tipp: Die Hainbuche und ihre Sorten sorgen im Sommer mit dem dichten Blattwerk und auch in der kälteren Jahreszeit mit ihren meist lang haftenden Blättern für geschlossene Hecken.

Besonderheiten: Pflanze bietet Vögeln und anderen Tieren Unterschlupf und Nistgelegenheit.

Hainbuche, Weißbuche

Rotbuche

Fagus silvatica
Rotbuche

Verbreitungsgebiet/Vorkommen: Weite Teile Europas; in reinen oder gemischten Buchenwäldern, auch an Berghängen.

Wuchs: Großbaum 1. Ordnung, bis ca. 30 m hoch, aber in geschnittenen Hecken weit niedriger, ab ca. 1,5 m Höhe möglich; freiwachsend breite, runde Krone, langsam wachsend; Zweige grau, etwas gebogen; Rinde silbergrau.

Blüte und Frucht: Blüten im Mai, grün-braun, unauffällig; Fruchtbecher mit weichen Stacheln, Samen (Bucheckern) im September/Oktober.

Blatt: Sommergrün, aber zum Teil über den Winter an den Zweigen verbleibend; Farbe dunkelgrün (im Austrieb leuchtend hellgrün), im Herbst gelb-orange bis rotbraun; eiförmig, gewellter Rand, wechselständig.

Klima, Boden und Standort: Sonne bis Schatten; frosthart, aber etwas spätfrostgefährdet; bevorzugt feuchte, schwere, neutrale bis

Attraktive Blüten- und Ziersträucher

Azaleen und Rhododendren

Verbreitungsgebiet/Vorkommen: Weite Teile Europas, z. B. Gebirge, Ostasien; zahlreiche Zuchtformen.

Wuchs, Triebe und Rinde: Je nach Art/Sorte, unter 1 bis 5 m hoch, Triebe meist aufrecht wachsend.

Blüte und Frucht: Blüten je nach Art/Sorte, April bis Juni; mannigfache Farben, sommergrüne Azaleenhybriden meist weiß, gelb, orange-rot oder rosa; Fruchtbildung unwesentlich.

Blatt: Bei Azaleen sommergrün (z. B. Azaleenhybriden) oder immergrün; Farbe meist dunkelgrün, länglich-lanzettlich/-elliptisch; bei Rhododendren meist immergrün; Farbe dunkelgrün, länglich-lanzettlich.

Klima, Boden und Standort: In der Regel am liebsten im Halbschatten, bei guter Bodenfeuchtigkeit auch in der Sonne; relativ frosthart; in der Regel saure Böden bevorzugend (pH-Wert unter 5); neuere Rhododendron-Züchtungen für kalkhaltige Böden (so genannte Inkarho-Rhododendren).

Verwendung: Als immergrüne oder wunderbar blühende Einfassung, in Gruppen zur Unterpflanzung größerer Bäume und Sträucher.

Pflege und Schnitt: Das Torfsubstrat sollte alle 3 bis 4 Jahre erneuert werden; von Zeit zu Zeit empfiehlt sich die Einbringung eines speziellen Rhododendrendüngers.

Der Jahreszeiten-Tipp: Wertvolle Blütengehölze; japanische Azaleen etwa für den Japangarten; immer-

alkalische Böden; empfindlich gegen anhaltende Trockenheit; empfindlich gegen Veschmutzung von Luft und Boden, salzempfindlich.

Verwendung: In kleinen Gärten vor allem für beschnittene Hecken.

Pflege und Schnitt: Ältere Pflanzen sollten niemals durch das Auslichten benachbarter Gehölze freigestellt werden, da sonst die Rinde aufplatzen kann; jegliche Bodenverdichtung muss bei der Rotbuche vermieden werden; die Pflanze verträgt Schnitt sehr gut.

Der Jahreszeiten-Tipp: Für den kleinen Hausgarten liegt die eigentliche Qualität der Rotbuche im Einsatz als geschnittene, sommergrüne, sehr dichte Hecke; der Sichtschutz bleibt zum Teil durch die länger haftenden Blätter bis zum Ende des Winters erhalten; Rotbuchenhecken eignen sich ebenso wie Weißbuchen gut zur Gliederung von Gartenräumen und als Hintergrund für Blütengehölze und -stauden.

Hinweise zum Umgang: Die Bucheckern sind schwach giftig.

IV–VI   0,5–4 m

Rhododendron

Japanische Azalee

☃ ❄ iG SG 🍂 🌺 🌸
IV–VI   0,5–2 m
🔗

grüne Sorten als Vorpflanzung für größere, sommergrüne Gehölze; Rhododendren sind hervorragende immergrüne Decksträucher.
Besonderheiten: Die Pflanzen brauchen reines Torfsubstrat.
Gruppen und Arten: Sommergrüne Azaleenhybriden, bis ca. 2 m hoch, sommergrünes Blatt; japanische Azaleen, niedrig- und dichtbuschig, oft flachwachsend, selten höher als 1 m, meist blaue, violette, rosa-karminfarbene Blüten, sehr reich- und langblühend; großblumige Rhododendron-Hybriden, mittlere bis große Blüten, ca. 1,5 bis 4 m, jeweils mindestens ebenso breit; *Rhododendron-williamsianum*-Hybriden, mittelgroße Blüten, bis ca. 1,5 m hoch; *Rhododendron-repens*-Hybriden, bis ca. 1 m hoch, sehr langsam wachsend, auch für kleinste Gärten; Rhododendron-Wildarten und verwandte Hybriden, im Habitus und Charakter ähnlich wild wachsenden Rhododendren, besonders für naturnahe Gärten.

Buddleia davidii
Schmetterlingsflieder

Verbreitungsgebiet/Vorkommen: China; viele Kultursorten im Handel.
Wuchs, Zweige und Rinde: Normalstrauch, ca. 2 bis 3 m hoch.
Blüte und Frucht: Blüten von Juli bis Ende August, oft bis in den Oktober nachblühend, ca. 20 cm lange Rispenblüten, Einzelblüten röhrig, intensiv duftend.
Blatt: Sommergrün; Farbe grün, lang eilanzettlich, zugespitzt.
Triebe und Rinde: Triebe straff, auswärts geneigt.
Klima, Boden und Standort: Volle Sonne; frosthart; bevorzugt leichtere Böden; Windschutz ist an exponierten Stellen zu empfehlen; widerstandsfähig.
Verwendung: für kleine Gärten besonders gut geeignet, da gut schnittverträglich; auch gut in Kübelkultur; Partner grundsätzlich ähnlich *Buddleia alternifolia*, passend zur Blütenfarbe der jeweiligen Sorte.
Pflege und Schnitt: Braucht am richtigen Standort nur wenig Pflege; da Blüten am jungen Holz ansetzen, kann die Pflanze im zeitigen Frühjahr stark zurückgeschnitten werden; wegen des starken Neuaustriebs entstehen in der Bepflanzung keine Lücken.
Der Jahreszeiten-Tipp: Als wertvoller Sommerblüher, z. B. neben *Buddleia alternifolia* (als Fortsetzung der Blütezeit bei ähnlicher Größe und Wuchsform); im Spätsommer hervorragender Partner für lang und öfter blühende Rosen.
Besonderheiten: Wegen sehr intensivem Duft nicht direkt an Sitzplätzen pflanzen!
Empfehlenswerte Sorten: 'Black Knight' (dunkelviolett), 'Cardinal' (tiefrot), 'Fascination' (rosa), 'Peace' (weiß); 'Purple Prince' (tiefpurpurviolett).
Empfehlenswerte weitere Art: *Buddleia alternifolia*, Schmalblättriger Sommerflieder, ca. 3 m hoch und breit, Triebe bogig überhängend, Blüten im Juni, helllila, Blatt eilanzettlich, unterseits silbrigweiß; da am vorjährigen Holz blühend, nur Altholz auslichten!.

☃ ❄ iG SG 🍂 🌺 🌸
IV–VI   0,5–2 m
🔗

Rhododendron

☃ SG 🌺 🐛 🏔 🌸
VII–VIII   2–3 m

Schmetterlingsflieder

Japanischer Blütenhartriegel

Corylopsis pauciflora
Scheinhasel

Verbreitungsgebiet/Vorkommen: Japan.

Wuchs, Zweige und Rinde: kleiner, zierlich wirkender Strauch, bis ca. 1,5 m hoch, aber breit wachsend; Triebe dünn, dicht stehend, im Austrieb rotbraun.

Blüte und Frucht: Blüten im März/April, hellgelb, zahlreich, Glöckchen in hängenden Trauben.

Blatt: Sommergrün; Farbe hellgrün, im Herbst hell- bis orangegelbe Färbung; Form eiförmig, bis 5 cm lang, gesägt.

Klima, Boden und Standort: Sonne bis Halbschatten; frosthart, aber Blüten spätfrostgefährdet; bevorzugt ausreichend feuchte Böden mit gutem Humusgehalt.

Verwendung: Eignet sich sehr gut zur Unterpflanzung größerer Gehölze und zur Kombination mit Stauden und Zwiebelpflanzen.

Pflege und Schnitt: für ausreichende Humuszufuhr (z. B. durch Kompostgaben) sorgen; bei auftretenden Spätfrösten Pflanze mit Vlies oder Folie schützen; Schnitt möglichst vermeiden.

Der Jahreszeiten-Tipp: zur Blütezeit besonders eindrucksvoll mit weißen Azaleen und Rhododendren, Krokussen und Wildtulpen.

Scheinhasel

Cornus florida
Blütenhartriegel

Verbreitungsgebiet/Vorkommen: Nordamerika/Vereinigte Staaten.

Wuchs, Zweige und Rinde: Großstrauch oder kleiner Baum, ca. 6 bis 8 m hoch, breit verzweigte Krone; grüne Triebe.

Blüte und Frucht: Blüten (umgewandelte Kelchblätter) im Mai, weiß, ca. 4 cm lang (eigentliche Blütenblätter unauffällig grün).

Blatt: Sommergrün; Farbe grün, im Herbst rötlich; Form breit-elliptisch, ca. 7 bis 15 cm lang.

Klima, Boden und Standort: Sonne bis Halbschatten; frosthart; bevorzugt mittelschwere, feuchte Böden mit guter Nährstoffversorgung.

Verwendung: Sehr guter Blütenstrauch für nicht zu kleine Gärten, nicht für Blütenhecken; wegen großem Wasserbedarf nicht für Kübelkultur geeignet; vor einem ruhigen Hintergrund kommen Wuchsform und Blüten am besten zur Geltung.

Pflege und Schnitt: Eventuell düngen (vor der Blütezeit); bei trockener Witterung großzügig gießen; wenig schneiden.

Der Jahreszeiten-Tipp: Zur Blütezeit passt die Pflanze gut zu weiß oder rosa blühenden Zierkirschen und Zieräpfeln.

Empfehlenswerte Sorte: *Cornus florida* 'Rubra' (ähnlich der Art; etwas schwächerer Wuchs, Blüten (Brakteen) rosenrot).

Weitere empfehlenswerte Art: *Cornus kousa*, Japanischer Blütenhartriegel, ca. 5 bis 7 m hoch, Blüten im Juni, weiße Brakteen, liebt feuchte Böden (siehe Abbildung).

Elfenbeinginster

V–VI   1–2 m

Cytisus scoparius

Besenginster

Verbreitungsgebiet/Vorkommen:
West- und Nordwesteuropa; in lichten Mischwäldern, an Waldrändern, auf Heiden und Weiden, Brachflächen; Pioniergehölz.

Wuchs, Zweige und Rinde: Normalstrauch, ca. 1 bis 2 m hoch, schnell wachsend, rutenartige Zweige, kantig gefurcht, kräftig grün.

Blüte und Frucht: Blüten im Mai bis Juni, gelbe Schmetterlingsblüten, selten weiß, Insektenbestäubung; Früchte als schwarze, flache Hülsen.

Blatt: Sommergrün, nur kurzzeitig, Farbe grün; klein, eilanzettlich, wechselständig.

Klima, Boden und Standort: Volle Sonne; frostanfällig, aber im Frühjahr wieder gut austreibend; empfindlich gegen zu heißen Standort, lieber luftfeuchter Platz; bevorzugt saure, mittelschwere, nicht zu feuchte Böden; salzempfindlich.

Verwendung: Wegen geringem Durchsetzungsvermögen am besten nur mit duldsamen Stauden oder Kleingehölzen, nur auf sauren Substraten; wegen der recht spezifischen Ansprüche ist die Vergemeinschaftung mit anderen Heidepflanzen (z. B. Wacholder/ *Juniperus communis* und Heidekraut/*Calluna vulgaris*) zu empfehlen.

Pflege und Schnitt: Der Besenginster sollte nur wenn unbedingt nötig und dann undedingt mit Erdballen verpflanzt werden, da er schlecht anwächst; vor allem für passionierte Gärtner geeignet, da die Pflanze teils nach einigen Jahren ersetzt werden muss; keinen Frühjahrsschnitt durchführen, da Pflanze am vorjährigen Holz blüht!

Der Jahreszeiten-Tipp: Neben der wolkenartigen Blüte im Spätfrühling bzw. Frühsommer zeichnet sich die Pflanze ganzjährig vor allem

durch die grünen Zweige und die bizarr anmutende Wuchsform aus.

Besonderheiten: Hervorragendes Bienennährgehölz; wegen des geringen Durchsetzungsvermögens der Pflanze sollten großzügige Pflanzabstände und nicht zu starkwüchsige Partner gewählt werden.

Hinweise zum Umgang: Pflanze ist schwach giftig, deshalb Vorsicht mit kleinen Kindern.

Empfehlenswerte Arten und Sorten: 'Burkwoodii', ähnlich der Art, Blüten jedoch karminrot; 'Red Wings', ähnlich der Art, Blüten aber karminrot mit violett); Elfenbeinginster (*Cytisus x praecox*), 2 bis 3 m hoch, im Ganzen ähnlich *Cytisus scoparius*, aber früher im April bis Mai blühend, rahmweiß; empfehlenswerte Sorte von *C. x praecox*: 'Hollandia' (Blüten hell purpurrot); Purpurginster (*Cytisus purpureus*), Kleinstrauch, bis ca. 0,6 m hoch, Blüten Juni bis Juli, purpurrot, braucht kalkhaltiges Substrat.

Enkianthus campanulatus
Prachtglocke

Verbreitungsgebiet/Vorkommen: Japan.
Wuchs, Zweige und Rinde: Normalstrauch, ca. 2 m hoch, schmaler und nicht sehr dichter Wuchs; Zweige quirlständig.
Blüte und Frucht: Blüten im Mai, weiß mit rötlichen Streifen, glockig, in hängenden Dolden, vor dem Laubaustrieb; keine Fruchtbildung.
Blatt: Sommergrün; Farbe bläulich-grün, rote Herbstfärbung; elliptisch, ca. 3 bis 7 cm lang.
Klima, Boden und Standort: Halbschatten; frosthart; bevorzugt saure Böden mit guter Nährstoff- und Humusversorgung; allgemein sehr robust.
Verwendung: Am besten zur Unterpflanzung größerer Gehölze oder mit anderen, niedriger wachsenden Gehölzen in halbschattigen Bereichen; hervorragend im Japangarten einzusetzen.
Pflege und Schnitt: Allgemein kaum pflegebedürftig; der Rückschnitt sollte direkt nach der Blüte erfolgen.
Der Jahreszeiten-Tipp: Im Spätfrühling/Frühsommer guter (Blüten-)Partner für weiß oder hellrosa blühende Gehölze wie *Deutzia gracilis*, Azaleen und Rhododendren; wertvoll auch durch schöne Blattfarbe und rote Herbstfärbung.

Forsythie

Forsythia
Forsythie

Verbreitungsgebiet/Vorkommen: Meist Zuchtformen im Handel.
Wuchs: Normalstrauch, ca. 2 bis 3 m hoch, zuerst straff aufrecht wachsend, später Langtriebe bogig überhängend; hohle Zweige mit gekammertem Mark.
Blüte und Frucht: Blüten im März/April, goldgelb, mit tief geteilter Krone, sehr reich blühend; Früchte unscheinbar.

Blatt: Sommergrün; Farbe grün, im Herbst Rötung; eiförmig-lanzettlich, gesägt.
Klima, Boden und Standort: Volle Sonne; frosthart; stellt keine besonderen Ansprüche an den Boden, falls dieser nicht zu nass und nicht zu kalt ist; allgemein robust.
Verwendung: Entgegen traditioneller Einzelstellung noch besser zusammen mit anderen Gehölzen und Stauden, aber genug Abstand lassen.
Pflege und Schnitt: Wenig pflegebedürftig; alle 3 bis 4 Jahre in der zweiten Hälfte des Winters altes Holz herausschneiden.
Der Jahreszeiten-Tipp: Zur Blütezeit hervorragend zusammen mit blau blühenden oder anderen gelb blühenden Pflanzen (z. B. blaue Rhododendren, *Ribes alpinum*, Vergissmeinnicht, *Muscari*, *Scilla*, blaue Krokusse).
Empfehlenswerte Sorten: *Forsythia* x *intermedia* 'Lynwood'; *Forsythia* x *intermedia* 'Spectabilis'.

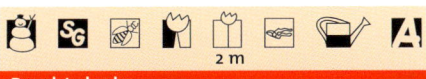
Prachtglocke

Zaubernuss

⛄ 🌱 🏭 🍁 ❄ 🌿 ⛰ 🏔 〰 ⚗ A
　　　　　　I–III　　　　5 m

Hamamelis mollis
Zaubernuss

Verbreitungsgebiet/Vorkommen: Zentral-China.

Wuchs, Zweige und Rinde: Groß-strauch mit flacher Krone, bis zu 5 m hoch, langsam wachsend; Jungtriebe silbrig behaart.

Blüte und Frucht: Blüten Januar bis März, leuchtend gelbe Blüten-blätter mit violett-braunem Kelch; Früchte zweiklappige Kapseln.

Blatt: Sommergrün; Farbe grün, im Herbst goldgelb; ca. 10 bis 15 cm lang, sehr breit, behaart.

Klima, Boden und Standort: Sonne bis Halbschatten; frosthart; neutrale, nährstoffreiche und tief-gründige Böden ohne stauende Nässe; robust.

Verwendung: Vor Immergrünen, vor Hauswänden.

Pflege und Schnitt: Verträgt Schnitt sehr gut; aber nur wenn nötig, Pflanze blüht am mehrjährigen Holz.

Der Jahreszeiten-Tipp: Überaus wertvoll als wunderbarer Winter-blüher, aber auch durch Wuchs, Blattform und gelbe Herbstfärbung; zusammen mit anderen Winterblü-hern wie Christrosen besonders schön.

Empfehlenswerte Sorte und weitere Art: *Hamamelis mollis* 'Feuerzauber', ähnlich *Hamamelis mollis*, aber Blüten orange-rot; *Hamamelis japonica*, 3 bis 5 m hoch, bizarre Wuchsform, Blüten dunkel-gelb, frostanfällig bei unter -10° C, intensiv rote Herbstfärbung der Blätter.

Hibiscus syriacus
Hibiskus, Eibisch

Verbreitungsgebiet/Vorkommen: Zuchtformen; Wildform aus Indien und China.

Wuchs, Zweige und Rinde: Strauch, bis ca. 2 m hoch, Zweige straff auf-recht wachsend; Triebe mit grauer Rinde, junge Triebe grau-grün.

Blüte und Frucht: Blüten ab Juni/Juli bis August/September, Farbe je nach Sorte, breit glockig, einfach oder gefüllt, malvenähnlich, einzeln stehend, achselständig, am jungen Holz.

Blatt: Sommergrün; Farbe grün; 3- bis 5-lappig.

Klima, Boden und Standort: Volle Sonne; frosthart; bevorzugt Böden mit guter Nährstoffversorgung und hohem Humusgehalt; dankbar für warmen, geschützten Standort.

Verwendung: Wegen des zurück-

⛄ 🌱 🍁 ❄ 🌿 🏔 〰
　　　　　VII–IX　　　 2 m

Hibiskus

haltenden Wuchses und der Schnittverträglichkeit besonders vielseitig verwendbar, auch in kleinen Gärten; sowohl mit Blütensträuchern als auch mit Stauden.
Pflege und Schnitt: Wenig gießen; zur Förderung der Blütenbildung starker Rückschnitt im Winter.
Der Jahreszeiten-Tipp: Zusammen mit sommerblühenden Stauden und öfter blühenden Rosen, wegen des aufrechten Wuchses auch sehr gut als 'blühende Säulen', etwa zur Durchgangsbetonung.
Empfehlenswerte Sorten: 'Ardens', Blüten Juli bis September/Oktober, blau-violett, dicht gefüllt; 'Blue Bird', Blüten karmin-violett, August bis September/Oktober; 'Coelestis', Blüten Juli bis September/Oktober, blau-violett mit violett-roter Mitte, einfach; 'Speciosus', Blüten Juli bis September, weiß mit violett-roter Mitte, einfach.

Hydrangea paniculata 'Grandiflora'
Rispenhortensie

Verbreitungsgebiet/Vorkommen: Zuchtform; die Art stammt aus Japan.
Wuchs, Triebe und Rinde: Normalstrauch, bis ca. 2 m hoch; längere Triebe meist bogig überhängend; Rinde braun.
Blüte und Frucht: Blüten im August, grünlich-weiß, dann rein weiß, am Ende rosa-weiß, bis ca. 25 cm lange Rispenblüten am Jungholz; keine Fruchtbildung.
Blatt: Sommergrün; Farbe hellgrün; eiförmig-elliptisch, gesägt, zugespitzt, ca. 7 bis 15 cm lang.
Klima, Boden und Standort: Am liebsten Halbschatten, bei gutem Boden auch in der Sonne; frosthart; Hortensien bevorzugen feuchte Böden, die gut mit Humus versorgt sein sollten (am besten viel Torf); ansonsten widerstandsfähig.
Verwendung: Wegen der überschaubaren Wuchshöhe und Größe am richtigen Standort vielseitig verwendbar, wegen Schattenverträglichkeit auch als Unterpflanzung größerer Bäume (aber nicht unter Starkzehrern wie z. B. Birken!).
Pflege und Schnitt: Alle 2 bis 3 Jahre neue Torfgaben, die möglichst tief ins Erdreich eingearbeitet werden sollten, ohne das Wurzelwerk zu verletzen; Boden nicht austrocknen lassen; im zeitigen Frühjahr stark zurückschneiden, um die Blütenbildung zu fördern.
Der Jahreszeiten-Tipp: strauchig wachsende Hortensien sind höchst wertvolle Sommer- bzw. Spätsommerblüher, die einen reichen Blütenflor tragen; die Rispenhortensie eignet sich insbesondere für die Vergemeinschaftung mit gleichzeitig blühenden anderen Hortensien (z. B. Hydrangea aspera sargentiana und Hydrangea macrophylla), Rosen und Stauden.

Gartenhortensie

Weitere empfehlenswerte Arten und Sorten: *Hydrangea aspera ssp. sargentiana*, China-Hortensie, bis ca. 3 m hoch, Blüten weiß/hell-violette Doldenrispen von Juli bis September, Blätter mattgrün, groß, samtig behaart, in rauhen Gegenden Winterschutz empfehlenswert; *Hydrangea macrophylla*, Gartenhortensie, bis ca. 2 m hoch, große Blütenbälle, im Juni bis September, Blätter breit eiförmig, grob gesägt; Sorten dieser Art variieren in der Blütenfarbe je nach dem pH-Wert des Bodens; *Hydrangea arborescens* 'Grandiflora', Schneeball-Hortensie, bis ca. 3 m hoch, Blüten im Juli bis September, grünlich weiß, Blätter eiförmig-elliptisch; bei den eben genannten, am mehrjährigen Holz blühenden Hortensien sollte auf einen regelmäßigen Rückschnitt verzichtet werden.

Kolkwitzia amabilis

Kolkwitzie

Verbreitungsgebiet/Vorkommen: Westliches China.
Wuchs, Zweige und Rinde: Normalstrauch, bis ca. 3 m hoch; Zweige und Triebe bogig überhängend; reizvoll abblätternde Rinde.
Blüte und Frucht: Blüten im Mai/Juni, hellrosa mit gelber Zeichnung, zahlreich.
Blatt: Sommergrün; Farbe helles Grün, matt; Form breit eiförmig, zur Blattspitze scharf zugespitzt.
Klima, Boden und Standort: Sonne bis lichter Schatten; frosthart; stellt kaum Ansprüche an den Boden, am liebsten jedoch auf feuchten Böden.
Verwendung: Zusammen mit anderen Sträuchern, auch als Unterpflanzung größerer Bäume mit lichter Krone, in größeren Beeten mit Stauden, wegen kaskadenähnlichen Wuchses auch zu zweien als Durchgangsbetonung; als Kübelpflanze.
Pflege und Schnitt: Bei der Kolkwitzie genügt es, alle 3 bis 4 Jahre in der zweiten Winterhälfte Altholz auszulichten; ansonsten ist die Pflanze wenig pflegebedürftig; im Pflanzgefäß muss sie unbedingt regelmäßig gegossen werden.
Der Jahreszeiten-Tipp: Zur Blütezeit gibt es keinen besseren Partner als *Clematis montana* 'Rubens', die zusammen mit der Kolkwitzie wahre rosafarbene Blütenkaskaden entfaltet; wegen der Wüchsigkeit dieser *Clematis* sollte man sie aber nicht in die Kolkwitzie hineinwachsen lassen – es sei denn, man hält sie durch Rückschnitt unter Kontrolle.

V–VI   3 m

Kolkwitzie

Garten-Magnolie

IV–V   3–6 m

Magnolia x soulangiana

Garten-Magnolie, Tulpen-Magnolie

Verbreitungsgebiet/Vorkommen: Ursprünglich Ostasien und Nordamerika.
Wuchs, Triebe und Rinde: Großstrauch, bis ca. 6 m hoch, sehr breit wachsend; bräunliche Rinde.
Blüte und Frucht: Blüten im April bis Mai, weißlich-rosa, außen rötlich gestreift, glockenförmig, aufrecht stehend, zahlreich.
Blatt: Sommergrün; Farbe intensiv grün, glänzend; ca. 10 bis 15 cm lang, eiförmig-elliptisch.
Klima, Boden und Standort: Volle Sonne; frosthart; die Tulpenmagnolie braucht nährstoff- und humusreiche, feuchte, am besten auch leicht saure Böden.

Verwendung: Als Blickfang an herausgehobener Stelle, auch zusammen mit Gehölzen und Stauden, aber dann ausreichende Abstände einhalten; nicht für Hecken.

Pflege und Schnitt: Da die Pflanze ein Flachwurzler ist, reagiert sie besonders empfindlich auf Trockenheit und muss deshalb nötigenfalls regelmäßig gegossen werden; das abgefallene Herbstlaub verbleibt am besten auf der Baumscheibe; der Wurzelbereich sollte möglichst nicht aufgegraben werden, deshalb Stauden o. Ä. gleichzeitig mit der Magnolie einpflanzen; Schnitt sollte – auch mit Rücksicht auf eine schöne Wuchsform – möglichst unterbleiben, denn die Blüten setzen am mehrjährigen Holz an.

Der Jahreszeiten-Tipp: Wuchsform, Blattwerk und vor allem die Blüten heben die Tulpenmagnolie aus der Gesamtheit der Blütengehölze heraus; als Partner zur Blütezeit sind niedrige Stauden und Zwiebelpflanzen ideal (z. B. Brunnera macrophylla, Scilla, Muscari).

Empfehlenswerte Sorte und weitere Art: *Magnolia* x *soulangiana* 'Nigra' (deutlich schwachwüchsiger als die Art, bis ca. 3 m hoch, Blüten Mai bis Juni, tief purpurrot, innen hellrot, ansonsten ähnlich der Art) (siehe Abbildung); *M. stellata*, Sternmagnolie (bis ca. 3 m hoher Strauch, breit-schirmförmige Krone, langsam wachsend, Blüten März bis April, weiß, sternförmig, braucht nährstoff- und humusreiche Böden, Pflege ähnlich der Art, Blüten vor Frösten schützen!).

Malus-Ziersträucher

Zierapfel

Verbreitungsgebiet/Vorkommen: Meist Ostasien (Japan); viele Zuchtformen.

Wuchs, Triebe und Rinde: Je nach Art und Sorte Sträucher, Großsträucher oder Bäume, 2 bis 10 m hoch.

Blüte und Frucht: Blüten im Mai bis Juni, weiß bis rosa und karminrot; Früchte gelb-orange bis tiefrot/purpur, klein, 1 bis 2 cm im Durchmesser.

Blatt: Sommergrün; grün, teils mit purpurrot; meist einfach.

Klima, Boden und Standort: Volle Sonne; frosthart; Zieräpfel bevorzugen mittelschwere Böden mit guter Humus- und Nährstoffversorgung, akzeptieren aber auch leichtere Substrate; weniger auf schweren, nassen Böden; ansonsten keine besonderen Bodenansprüche; meist widerstandsfähig.

Verwendung: Je nach Wuchs, allgemein in Einzelstellung oder in Gruppen mit genügend Abstand, nicht für Blütenhecken.

Pflege und Schnitt: Zieräpfel brauchen nicht unbedingt Schnitt, ver-

V–VI   2–10 m

Zierapfel

tragen ihn aber sehr gut; alle 3 bis 4 Jahre vorgenommen (wie bei Fruchtsorten), kann der Rückschnitt die Pflanze gesund und robust erhalten.

Der Jahreszeiten-Tipp: Wenn irgend möglich, sollte man auf Zieräpfel nicht verzichten; neben der Blüte im späten Frühjahr bzw. Frühsommer hat die Pflanze (je nach Sorte) meist auch reichen herbstlichen Beerenschmuck und teils außergewöhnliche Blattfärbungen zu bieten; Sorten mit rötlich-grünem Blattwerk wie z. B. *M.* x *moerlandsii* 'Profusion' kann man mit geeigneten Kletterrosen (z. B. der Sorte Albertine) bewachsen lassen; blaue und weiße, frühjahrsblühende Stauden wie Rittersporn passen stets hervorragend zu Zieräpfeln.

Besonderheiten: Zieräpfel liefern sehr schöne Blütenzweige für die Vase; allerdings sollten mit Rücksicht auf die Wuchsform nicht zu viele Zweige herausgenommen werden.

Empfehlenswerte Sorten: *Malus floribunda*, ca. 4 bis 10 m hoch, überhängende Äste, Blüten im Mai, rosaweiß, Früchte grün, dann gelb, rotbackig, bis November an der Pflanze haftend, Blatt grün (s. Abb.); *Malus* x *moerlandsii* 'Profusion', ca. 3 bis 4 m hoch, auch für sehr kleine Gärten, Blüten im Juni, spät, zunächst dunkel, dann heller karminrot, Früchte weinrot, Blatt purpurrot; *M. purpurea* 'Eleyi', ca. 6 m hoch, breitkronig, Blüten im Mai, dunkel karmin- bis weinrot, Früchte tiefrot, Blatt weinbis broncerot; *M. sargentii*, als Veredlung niedrig bleibend – sehr hoch werdend als Sämling! –, malerischer Wuchs, teils bedornte Zweige, Blüten zartrosa-weiß, besonders reichblühend, Früchte gelb-rot, bis in den November an der Pflanze haftend, Blatt intensiv grün; *Malus* x *zumi* 'Prof. Sprenger', ca. 4 m hoch, Blüten im Mai, hellrosa-weiß, Früchte orange, lange haftend, Blatt grün mit gelber Herbstfärbung.

Gewöhnlicher Pfeifenstrauch

V–VI   2–4 m

Philadelphus coronarius

Gewöhnlicher Pfeifenstrauch, Hoher Pfeifenstrauch

Verbreitungsgebiet/Vorkommen: Mittelmeergebiet.

Wuchs, Triebe und Rinde: Strauch, ca. 3 bis 4 m hoch, aufrechter Wuchs, relativ schmal; Zweige an der Spitze überhängend; Rinde dunkelbraun, etwas abblätternd.

Blüte und Frucht: Blüten im Mai bis Juni, rahmweiß, in Trauben stehend, starker Duft; Fruchtkapseln unauffällig.

Blatt: Sommergrün; Farbe grün, matt; eiförmig, ca. 5 cm breit, bis ca. 10 cm lang.

Klima, Boden und Standort: Sonne bis Schatten, frosthart; stellt keine besonderen Ansprüche an den Boden, verträgt auch zeitweise Austrocknung; besonders gern auf mittelschweren, nährstoffreichen Böden, aber nicht Bedingung; widerstandsfähig gegen Lufttrockenheit.

Verwendung: In herausgehobener Stellung, in Eck- oder Durchgangssituationen; auch zusammen mit anderen Gehölzen und Stauden; am besten in mediterranen Gärten.

Pflege und Schnitt: Kaum pflegebedürftig; nur alle 3 bis 4 Jahre Altholz auslichten; Pflanze blüht am mehrjährigen Holz.

Der Jahreszeiten-Tipp: Wertvoll vor allem durch Blüten, Wuchsform mit überhängenden Zweigen und bis lange in den Herbst grün bleibendes Blattwerk.

Weitere empfehlenswerte Arten und Sorten: *Philadelphus* x *lemoinei* 'Dame Blanche' (niedrig bleibend, unter 2 m hoch, zierlicher Habitus; Triebe mit schwarzer Rinde, Blüten Juni bis Juli, weiß, sehr reich blühend, duftend, besonders für kleine Gärten und Pflanzgefäße); *Philadelphus* x *virginalis* 'Schneesturm' (ca. 2 bis 3 m hoch, an der Spitze überhängende Zweige, graue Triebe, Blüten im Juni, weiß, gefüllt, duftend).

Prunus-Ziergehölze

Zierkirschen

Verbreitungsgebiet/Vorkommen:
Ostasien/Japan und viele Zuchtformen.

Wuchs, Triebe und Rinde: Je nach Art/Sorte 3 bis 15 m, meist jedoch 3 bis 5 m hoher Strauch oder Baum, Zweige und Rinde meist glänzend braun, einige Formen mit hellbrauner Punktierung.

Blüte und Frucht: Blüten meist im April bis Mai, weiß oder rosa, oft mit angenehmem Duft; keine Fruchtbildung.

Blatt: Sommergrün; Farbe grün, im Herbst oft wunderbar verfärbend; eiförmig, zugespitzt, gesägt.

Zierkirsche

Klima, Boden und Standort: Volle Sonne; frosthart; bevorzugt mittelschwere, kalkhaltige oder kalkreiche Böden, die nicht zur Vernässung neigen sollten; meist auch gut auf Sandböden.

Verwendung: In herausgehobener Stellung, zusammen mit niedrigeren Blütengehölzen und Stauden, nicht für Blütenhecken; ein Muss für den Japangarten!

Pflege und Schnitt: Bei geeigneten Böden keine besondere Pflege erforderlich; Schnitt wird gut vertragen; Rückschnitt unmittelbar nach der Blüte ist empfehlenswert, aber nicht unbedingt notwendig; Zweige für die Vase können im Zeitraum von Dezember bis Februar geschnitten werden.

Der Jahreszeiten-Tipp: Zur Blütezeit am besten mit frühjahrsblühenden, blauen oder weißen Stauden und Zwiebelpflanzen; im Herbst wirkt das meist sehr schön färbende Blattwerk für sich allein.

Besonderheiten: Zierkirschen sind wertvolle Bienennährgehölze; Zweige lassen sich gut für die Vase schneiden.

Empfehlenswerte Arten und Sorten: *Prunus serrulata* 'Amanogawa', nur bis ca. 5 m hoher Baum, straff aufrechte, säulenartige Krone, Blüten April/Mai, hellrosa, starker Duft, zur Betonung von Blickachsen und Durchgangssituationen; *P. serrulata* 'Shidare Sakura', ca. 3 bis 5 m hoher Baum mit stark bogig herabhängenden Zweigen, Blüten im April, rosa; *Prunus subhirtella* 'Accolade', ca 3 bis 4 m hoher Strauch mit sehr lockerem, natürlich wirkendem Wuchs, Blüten im April, rosa, auch für kleinere Gärten (siehe Abbildung); *P. subhirtella* 'Plena', ca. 5 bis 6 m hoher Baum, Blüten ab Anfang April, früh, hellrosa, gefüllt, Blütenblätter gekräuselt.

Mandelbäumchen

Prunus triloba

Mandelbäumchen

Verbreitungsgebiet/Vorkommen:
China.

Wuchs, Triebe und Rinde: Kleiner Strauch oder kleines Bäumchen, bis ca. 2 m hoch; Zweige straff aufwärts wachsend, dunkelbraun, samtig behaart.

Blüte und Frucht: Blüten im April/Mai, rosa, dicht gefüllt; keine Fruchtbildung.

Blatt: Sommergrün; Farbe grün; elliptisch, zugespitzt, doppelt gesägt.

Klima, Boden und Standort: Volle Sonne; frosthart; das Mandelbäumchen bevorzugt mittelschwere, aber auch sandige, kalkhaltige oder kalkreiche Böden ohne stauende Nässe.

Verwendung: Vielseitig, wegen geringer Größe auch als Kostbarkeit in sehr kleinen Gärten, besonders in windgeschützten Innenhöfen; nicht in Hecken; gute Kübelpflanze.

Pflege und Schnitt: Bei geeignetem Standort keine besondere Pflege notwendig;

Der Jahreszeiten-Tipp: Am besten mit niedrigen, früh blühenden Stauden, die das kleine Mandelbäumchen optimal zur Geltung kommen lassen; der Höhepunkt des Mandelbäumchens ist eindeutig der Blütezeitraum im Frühjahr; besonders schön wirkt die Wuchsform an kleinen Wegekreuzungen oder vor (schützenden) Hausmauern.

Besonderheiten: Im Handel werden veredelte und wurzelechte Pflanzen angeboten; Letztere zeigen höhere Widerstandsfähigkeit gegen den Monilia-Pilz; trotz des Namens ist die Pflanze nicht die kleine Form des mediterranen Mandelbaums!

Ribes alpinum

Alpenjohannisbeere, Bergjohannisbeere

Verbreitungsgebiet/Vorkommen: Weite Teile Mitteleuropas; vor allem als Unterholz in Laubmischwäldern, in Gebirgen und Wildhecken.

Wuchs, Triebe und Rinde: Kleinstrauch, bis ca. 1,5 m hoch, aber mindestens ebenso breit; stark überhängende, grau-braune Zweige.

Blüte und Frucht: Blüten im April bis Mai, grünlich-gelb in aufrechten Trauben, nicht sehr auffallend, duftend; meist zweihäusig; Beeren dunkelrot, essbar (aber nicht wohlschmeckend).

Blatt: Sommergrün, früher Austrieb (ab Anfang April), im Herbst lange an der Pflanze verbleibend; Farbe satt dunkelgrün; 3- bis 5-lappig, wechselständig.

Klima, Boden und Standort: Halbschatten bis Schatten, bei feuchtem Boden auch in der Sonne; frosthart;

akzeptiert nahezu alle Böden außer sauren, nährstoffarmen Sandböden; bevorzugt feuchte Substrate, empfindlich gegen große Hitze und Trockenheit; ansonsten widerstandsfähig.

Verwendung: Am besten in absonnigen Bereichen als Unterpflanzung größerer, den Boden nicht zu sehr austrocknender Gehölze; zusammen mit Schatten liebenden Wildstauden; für halbhohe Hecken.

Pflege und Schnitt: Grundsätzlich kaum Pflege und Schnitt notwendig, verträgt aber Schnitt gut; da die Zweige nach einigen Jahren absterben, ist in größeren zeitlichen Abständen (etwa alle 6 bis 8 Jahre) eine Auslichtung des Altholzes notwendig.

Der Jahreszeiten-Tipp: Die Alpenjohannisbeere ist für den Ganzjahresgarten vor allem wegen ihres sehr dichten und außergewöhnlich lange grünen Blattkleids wertvoll; sie eignet sich etwa auch zur Umgrünung von Bänken und Sitzplätzen.

Besonderheiten: Wertvolle Bienenweide; gutes Vogelnährgehölz.

Empfehlenswerte Sorte: *Ribes alpinum* 'Schmidt' (etwas stärkerer Wuchs als *R. alpinum*, bis ca. 2 m hoch, gut krankheitsresistent, gesundes Laub, aber kaum Fruchtbildung, ansonsten ähnlich der Art).

Weitere Arten: *Ribes aureum*, Goldjohannisbeere, aus Nordamerika, bis 2 m hoch, straff aufrecht wachsend, Blüten im April/Mai, gelbe Blütentrauben, duftend, Blätter rundlich, grob gezähnt, im Herbst rot, schwarze, essbare, säuerlich schmeckende Beeren; *R. rubrum*, Johannisbeere, Nutzpflanze, viele Zuchtformen, bis ca. 1,5 m hoch, Blüten April bis Mai, in grünlich-gelben Trauben; rote Johannisbeeren, ab Juli; *R. sanguineum* 'Atrorubens', Ziergehölz, 2 bis 3 m hoch, Blüten im April/Mai, in dunkelroten Trauben, Früchte schwarz, nicht im Vollschatten.

IV–V   1,5 m

Blut-Johannisbeere

Tamariske

V-IX   3-4 m

Tamarix

Tamariske

Verbreitungsgebiet/Vorkommen: Je nach Art, Südosteuropa bis Mittelasien.

Wuchs, Triebe und Rinde: Meist ca. 3 bis 4 m hoch, locker überhängende Triebe; Zweige rotbraun, im Winter nahezu schwarz.

Blüte und Frucht: Je nach Sorte, Mai bis September, rosa bis dunkelrot, bis ca. 4 cm lange Ährenblüten.

Blatt: Sommergrün; Farbe sehr klein, eiförmig.

Klima, Boden und Standort: Volle Sonne; Frosthärte je nach Sorte, meist aber gut; bevorzugt leichte, nicht vernässende Böden; verträgt Hitze und Trockenheit sehr gut; gedeiht am besten an einem warmen, geschützten Standort.

Verwendung: Einzeln wegen sehr auffallendem Habitus, etwa vor Mauern; zusammen mit andern Trockenheit liebenden Gehölzen; für mediterrane oder auch für Heidegärten; ebenso als Kübelpflanze.

Pflege und Schnitt: Die Tamariske ist wenig pflegebedürftig; sie verträgt Schnitt, allerdings nur unmittelbar nach der Blüte; die Blüten entwickeln sich am mehrjährigen Holz.

Der Jahreszeiten-Tipp: Blüten, Wuchsform und Blätter der Tamariske kommen zusammen mit *Elaeagnus angustifolia* sehr gut zur Geltung; alternativ können auch Trockenheit liebende Blütengräser und großlaubige Partner eingesetzt werden; wegen der sehr unterschiedlich liegenden Blütezeiten bietet sich eine Gruppenpflanzung mit verschiedenen Tamariskenarten/Sorten an.

Empfehlenswerte Sorten: *Tamarix parviflora*, aus Südosteuropa, bis ca. 5 m hoch, Blüten im Mai, rosa, sehr frosthart; *T. pentandra* 'Rubra', Zweige malerisch überhängend, Blüten Juni bis August, dunkelrotrosa; *T. ramosissima*, aus Russland, besonders filigran, Blüten rosa.

Viburnum

'Zier-Schneebälle'

Verbreitungsgebiet/Vorkommen: Meist Ost- bzw. Südostasien; China, Japan, Korea; zahlreiche Zuchtformen.

Wuchs, Triebe und Rinde: Sträucher von ca. 2 bis 3 m Höhe, je nach Art und Sorte.

Blüte und Frucht: Blüten weiß oder rosa, große Blütenstände, teller- bis unregelmäßig kugelförmig, duftend; Früchte meist unauffällig.

Blatt: Meist sommergrün; Farbe grün; meist eiförmig/elliptisch.

Klima, Boden und Standort: Sonne (bei feuchten Böden) oder Halbschatten; frosthart; Schneebälle dieser Provenienz bevorzugen feuchte, nährstoffreiche und tiefgründige Böden sowie am besten saure Böden.

Verwendung: Wegen zurückhaltendem Größenwachstum vielfältig einsetzbar; mit anderen Blütengehölzen in ausreichendem Abstand oder in Staudenrabatten, für Hecken im Grunde zu schade.

Pflege und Schnitt: Schneebälle vertragen Schnitt gut; Rückschnitt

2-3 m

Schneeball

am besten gleich nach dem Ab-
blühen der Blütenstände vornehmen.

Der Jahreszeiten-Tipp: Ein blühender Schneeball ist im Grunde für
sich allein schon ein Erlebnis; zusammen mit strengen Gestaltungselementen und Gräsern kommt
er bestens zur Geltung; einige Ar-
ten/Sorten der 'Zier-Schneebälle'
(*Viburnum rhytidophyllum*, *V. x
burkwoodii*) behalten zudem ihr
grünes Laub und tragen teils noch
reichlich wunderschöne Früchte.

**Empfehlenswerte Arten und Sor-
ten:** *Viburnum bodnantense* (bis ca.
3 m hoch, schnell wachsend, Blüten
früh, März bis April, rosafarbene
Röhrenblüten (später weiß), in
Büscheln, sehr lange blühend); *V. x
burkwoodii* (bis ca. 2 m hoch, sparriger Habitus, nicht sehr buschig, Blüten im April bis Mai, rosa-weiß, Blatt
bei günstigem Standort immergrün); *V. carlcephalum* (bis ca. 2 m
hoch, breit wachsend, Blüten im
April bis Mai, weiß); *Viburnum
carlesii* (bis ca. 2 m hoch, lockerer
Habitus, langsam wachsend, Blüten
April bis Mai, rosa-weiß); *V. fragrans*
(bis ca. 3 m hoch, straff aufrecht
wachsend, Blüten im Winter, ab
November bzw. im Januar sowie
meist noch einmal im Spätfrüh-
ling/Frühjahr); *V. rhytidophyllum*
(bis ca. 4 m hoch, Blüten Mai/Juni,
weiß, Blatt immergrün, länglich-
eiförmig, oberseits glänzend, im
Herbst auffallender roter Beerenschmuck); *V. plicatum* var. *tomento-
sum* (bis ca. 3 m hoch, sehr breit
wachsend, mit ausgebreiteten
Zweigen, Blüten Mai/Juni, weiß,
braucht Platz) (siehe Abbildung).

Kompakte Blütensträucher bis etwa 1,5 m Höhe

Caryopteris x *clandonensis*
'Heavenly Blue'

Bartblume

Verbreitungsgebiet/Vorkommen:
Kulturform.

Wuchs, Zweige und Rinde: Klein
bleibender Halbstrauch, bis ca. 1 m
hoch; Triebe wachsen straff aufrecht, grau bis graugrün.

Blüte und Frucht: Blüten im August
bis September, dunkelblau, end-
ständige, verzweigte Rispenblüten.

Blatt: Sommergrün; Farbe mattgrün, auf der Unterseite grau-grün;

VIII–IX   1 m

Bartblume

Form eilanzettlich, ca. 5 bis 8 cm lang, grob gesägt.

Klima, Boden und Standort: Volle Sonne; frosthart, aber für nicht zu feuchte, lockere, durchlässige Böden mit guter Humusversorgung; verträgt Trockenheit gut; ein warmer und windgeschützter Standort fördert das Gedeihen; insgesamt robust.

Verwendung: Vielseitiger Strauch; in gemischten Rabatten, auch hervorragend als Kübelpflanze geeignet (dann im Winter Frostschutz empfehlenswert).

Pflege und Schnitt: Im Winter sollte insbesondere auf etwas feuchteren Böden für einen Frostschutz gesorgt werden; im zeitigen Frühjahr ist ein alljährlicher Rückschnitt der vorjährigen Triebe erforderlich, um die Blütenbildung zu fördern und den Wuchs kompakt und buschig zu halten.

Der Jahreszeiten-Tipp: Die Bartblume trägt dazu bei, den Sommer zu verlängern; sie kommt insbesondere zusammen mit rosafarbenen und weißen, im Spätsommer noch blühenden Rosen und Stauden optimal zur Geltung; alternativ lässt sie sich auch sehr gut mit anderen Pflanzen kombinieren, die ebenfalls graugrüne bis blaugrüne Blätter, Triebe oder Rinde aufweisen (z. B. Platane, Ölweide, Perowskie, Hechtrose und viele mediterrane Stauden).

Zierquitte

IV–V   1–2 m

Chaenomeles japonica

Japanische Zierquitte

Verbreitungsgebiet/Vorkommen: Japan.

Wuchs, Zweige und Rinde: Niedriger, bis ca. 1 m hoher Strauch, der aber doppelt so breit werden kann; Zweige wachsen sparrig und sind mit Dornen besetzt, bilden ein fast undurchdringliches Gestrüpp.

Blüte und Frucht: Blüten im April/Mai, hell ziegelrot ('apricot'), setzen am Holz des Vorjahres an, viele, dicht in Büscheln stehende Blüten; Früchte im Herbst, gelb, apfelförmig, ca. 5 cm lang, lange an der Pflanze haftend.

Blatt: Sommergrün; Farbe glänzend grün, breit eiförmig, stumpf gesägt.

Klima, Boden und Standort: Volle Sonne; frosthart; recht anspruchslos an den Boden.

Verwendung: Vielseitiges, niedrig bleibendes Gehölz, bei dem aber für die Planung das beachtliche Breitenwachstum berücksichtigt werden muss; grundsätzlich sowohl als Hinterpflanzung in niedrigeren Staudenbeeten als auch in Blütenhecken zu verwenden, zudem sehr gut als Kübelpflanze, die im Freien überwintern kann.

Pflege und Schnitt: Am Ende des Winters die alten Früchte entfernen, ggf. abgestorbenes oder sehr dicht stehendes Holz auslichten; Pflanze verträgt Schnitt recht gut.

Der Jahreszeiten-Tipp: Die jahreszeitlichen Höhepunkte liegen im Frühjahr mit der reichen Blüte und im Herbst mit den gelben Apfelfrüchten, die bis lange in den Winter schöne Farbtupfer darstellen; erst in der zweiten Hälfte des Winters werden sie braun und unansehnlich. Gute Blütenpartner sind violett oder weiß blühende Gehölze und Stauden, im Winter passt die Zierquitte gut zu Gehölzen mit ro-

Zierliche Deutzie

ten Beeren (z. B. *Berberis vulgaris*, *Viburnum opulus*) und Gräsern.

Besonderheiten: Früchte sind im Winter Nahrung für Vögel und andere Tiere.

Weitere empfehlenswerte Arten/Sorten: *Chaenomeles lagenaria*, in Eigenschaften und Ansprüchen ähnlich *C. japonica*, aber bis ca. 2 m hoch, Blüten April bis Juni, scharlachrot, nicht so büschelig stehend, Früchte länglich-rund, gelbgrün; Blatt größer als bei *C. lagenaria*; für höhere, ungeschnittene Blütenhecken oder im Hintergrund großer Beete; *C.* x *superba*-Sorten, im ganzen ähnlich *C. lagenaria*, Höhe von 1 bis zu 2 m, Blüten April/Mai (s. Abb.); empfehlenswert besonders 'Crimson and Gold' mit besonders vielen großen Blüten, zurückhaltender Wuchs, bis ca. 1 m Höhe; *C. speciosa*-Sorten, ähnlich den vorhergehenden Zierquitten, aber viele weißblühende Sorten; empfehlenswert besonders die Sorte 'Nivalis' mit großen weißen Blüten, bis ca. 1,5 m hoch.

IV–V   1–2 m

Japanische Zierquitte

Deutzia gracilis

Zierliche Deutzie, Niedriger Maiblumenstrauch

Verbreitungsgebiet/Vorkommen: Japan.

Wuchs, Zweige und Rinde: Kleinstrauch, ca. 1 bis 1,5 m hoch, aufrechter Wuchs, Zweige stielrund, hellgrau.

Blüte und Frucht: Blüten im Mai bis Juni, reinweiße Glockenblüten, in aufrechten Trauben; keine Fruchtbildung.

Blatt: Sommergrün; Farbe hellgrün, lange an der Pflanze verbleibend, länglich-lanzettlich, 3 bis 6 cm lang.

Klima, Boden und Standort: Sonne bis Halbschatten; frosthart; am liebsten mittelschwerer, lehmiger und etwas feuchter Boden, aber wenig anspruchsvoll; allgemein sehr robust.

Verwendung: Wegen geringer Größe und geringen Standortansprüchen sehr vielseitig einsetzbar; etwa zusammen mit Stauden in halbschattigen Bereichen, auch als Kübelpflanze.

Pflege und Schnitt: Allgemein wenig pflegebedürftig; Altholz alle 3 bis 4 Jahre im Winter herausnehmen.

Der Jahreszeiten-Tipp: Diese wie auch die unten aufgeführten Deutzien passen während der Blütezeit besonders gut zu hellrosa und blau blühenden Stauden; wegen der guten Toleranz für halbschattige Standorte können Deutzien auch zur Unterpflanzung größerer Bäume (insbesondere des ebenfalls weiß blühenden Trompetenbaums/*Catalpa bignonioides*) eingesetzt werden.

Weitere empfehlenswerte Arten und Sorten: *Deutzia* x *magnifica* (stark wachsender Strauch, ca. 3 bis 4 m hoch, Blüten Mai/Juni, weiß, gefüllt, Blatt kerbig, gezähnt; *Deutzia* x *rosea* (bis ca. 1 m hoch, Blüten Juni bis Juli, rosa, zahlreich, Blatt eilänglich-lanzettlich, scharf gesägt); *Deutzia scabra* 'Plena' (ca. 3 bis 4 m hoch, Blüten rosa, gefüllt, Blatt eilänglich-lanzettlich); ansonsten Ansprüche und Eigenschaften dieser Arten/Sorten ähnlich *Deutzia gracilis*.

V–VI   1,5 m

Paeonia suffruticosa
Strauchpaeonie

Verbreitungsgebiet/Vorkommen: Nordwestliches China; zahlreiche Zuchtsorten.

Wuchs, Triebe und Rinde: Strauch mit aufrechtem Wuchs, ca. 1,5 m hoch, starke Zweige, Rinde am jüngeren Holz dunkelbraun, am Altholz hellbraun, leicht rissig.

Blüte und Frucht: Blüten im Mai bis Juni, je nach Sorte rot, rosa oder weiß, teils auch violett; Blüten einfach oder gefüllt; Frucht unauffällig.

Blatt: Sommergrün, früh austreibend; Farbe oberseits hellgrün, unterseits blau-grün; doppelt gefiedert.

Klima, Boden und Standort: Volle Sonne; ausreichend frosthart; die Strauchpaeonie braucht einen gut mit Humus und Nährstoffen versorgten, durchlässigen Boden.

Verwendung: Auch für kleinste Gärten und Innenhöfe geeignet (falls ausreichnd besonnt); in kleineren Gruppen, zusammen mit blau- oder weiß blühenden Stauden, vor größeren Gehölzen; nicht geeignet für Hecken und für Kübelkultur.

Pflege und Schnitt: Frosthärte ist größer als manchmal angenommen, dennoch sollte in kalten Gebieten der Wurzelbereich im Winter mit Laub abgedeckt werden; nicht mit Stallmist abdecken oder düngen; abgeblühte Blüten entfernen, ansonsten Schnitt möglichst unterlassen, da Blüten am mehrjährigen Holz ansetzen.

Der Jahreszeiten-Tipp: Vor blau/violett oder weiß blühenden Fliederbüschen kommt die Strauchpaeonie besonders malerisch zur Geltung; für Pfingstrosen-Liebhaber empfehlenswert ist die Zusammenpflanzung mit (niedriger bleibenden) Stauden-Pfingstrosen, deren Blütezeit die Strauchpaeonie fortsetzt.

Empfehlenswerte Sorten: 'Beauté de Twickel', Blüten karmesinrot mit dunkler Mitte; 'Blanche de His', Blüten weiß-zart rosa; 'Rock's Variety' (Blüten rosa-weiß); 'Souvenir de Doucher', Blüten tiefviolett).

Perovskie

VIII–X   1 m

Perovskia abrotanoides
Perovskie, Blauraute, Silberbusch

Verbreitungsgebiet/Vorkommen: Westlicher Himalaya.

Wuchs, Triebe und Rinde: Kleiner Halbstrauch, bis ca. 1 m hoch; Triebe weich, filzig, hellgrau.

Blüte und Frucht: Blüten im August bis Oktober, an geschützten Stellen bis November, hell violett (lavendelfarben), in langen Ähren, angenehm aromatischer Duft.

Blatt: Sommergrün; Farbe graugrün; fiederteilig, behaart.

V–VI   1,5 m

Strauchpaeonie

Klima, Boden und Standort: Volle Sonne; frosthart; die Perovskie bevorzugt magere, leichte, auch sandige Böden und einen geschützten Platz; verträgt Boden- und Lufttrockenheit ebenso wie Hitze sehr gut.

Verwendung: Aufgrund ihres sehr geringen Platzbedarfs und ihrer Trockenheitsverträglichkeit eignet sich die Perovskie für vielfältige Verwendungsmöglichkeiten; an heißen Südwänden, auch mit trockenen Böden; als niedrige Blütenhecke; in Steingärten, oft im mediterranen Landschaftsgarten eingesetzt; sehr gute Kübelpflanze.

Pflege und Schnitt: Keine besondere Pflege erforderlich, am besten nicht düngen; da die Perovskie am Jungholz blüht, muss sie jedes Jahr im Spätwinter bzw. zeitigen Frühjahr (Februar/März) stark zurückgeschnitten werden.

Der Jahreszeiten-Tipp: Aufgrund ihrer langen Blütezeit im Spätsommer und Herbst lässt sich die Pflanze mit einer Reihe von Gehölzen kombinieren, etwa *Hibiskus syriacus*; gute Partner sind auch Stauden wie *Eryngium planum* (blaue Edeldistel) und *Iberis saxatilis* (weiße Schleifenblume) sowie Gräser wie *Festuca glauca* (Blauschwingel).

Besonderheiten: Wertvolles Bienennährgehölz.

Spiraea bumalda 'Anthony Waterer'
Spiraee

Verbreitungsgebiet/Vorkommen: Ostasien/Japan; Zuchtform.

Wuchs, Triebe und Rinde: Bis ca. 1 m hoch, dichtbuschig, Triebe rot-rostbraun.

Blüte und Frucht: Blüten Juli bis September, in dunkel karminroten Trugdolden.

Blatt: Sommergrün; Farbe dunkelgrün, im Austrieb teils weißlich, spitz lanzettlich, scharf doppelt gesägt.

Klima, Boden und Standort: Sonne bis Halbschatten; frosthart; stellt keine besonderen Ansprüche an den Boden.

Verwendung: Besonders für niedrige, ungeschnittene Blütenhecken; zur Vorpflanzung vor größeren Blütensträuchern.

Pflege und Schnitt: Kaum pflegebedürftig; da die Blüten am Jungholz ansetzen, ist ein jährlicher Rückschnitt im Frühjahr ratsam (Februar/März).

Der Jahreszeiten-Tipp: Der Wert dieser niedrig wachsenden Spiraee liegt insbesondere in ihrer reichen und lang anhaltenden Blüte; die dunkle Blattfarbe ergänzt sich sehr schön mit dem dunklen Karminrot der Blüten; als Partner sind vor allem weiße und blaue Stauden und Gehölze zu empfehlen.

Weitere Arten: *Spiraea* x *arguta*, Spitzblättriger Spierstrauch, bis ca. 2 m hoch, aufrechter Wuchs, Blüten April bis Mai, weiß, wie die meisten Spiraeen anspruchslos an den Boden (s. Abb.); *Spiraea japonica* 'Little Princess', bis ca. 60 cm hoch, Trugdoldenblüten Juni/Juli bis August, hellrosa mit karminfarbenen Einsprengseln, für niedrige Hecken und Blütentuffs, ansonsten Ansprüche und Eigenschaften ähnlich *S. bumalda* 'Anthony Waterer'; *S. nipponica*, aus Japan, bis ca. 2 m hoch, Blüten Juni bis Juli, weiß; *S.* x *vanhouttei*, bis ca. 2 m hoch, Blüten Mai/Juni.

V–IX   1–2 m

Spiraee

Berberitze

V–VI 1–3 m

Pflegeleichte Sträucher und Wildgehölze

Berberis vulgaris
Berberitze

Verbreitungsgebiet/Vorkommen: Mittel- und Südeuropa, westliches Asien; heimisches Wildgehölz an Waldrändern, in Hecken und Buschgruppen.

Wuchs, Zweige und Rinde: Normalstrauch, 1 bis 3 m hoch, Wuchs anfänglich straff aufrecht, dann bogig überhängend; in der Jugend schnell wachsend; Zweige grau-braun, längsrissig, mit dreiteiligen Dornen besetzt.

Blüte und Frucht: Blüten im Mai/ Juni, nach dem Laubaustrieb, kleine, hängende Traubenblüten, gelb; Frucht ab September, längliche rote Beeren, auffällig, oft bis zum Frühjahr an den Trieben haftend.

Blatt: Sommergrün; Farbe hellgrün, im Austrieb leicht rötlich, im Herbst (Oktober) gelb-orange bis leuchtend rot; Form verkehrt eiförmig, büschelig stehend.

Klima, Boden und Standort: Volle Sonne bis Halbschatten; frosthart; verträgt Hitze und Trockenheit, liebt warmen Standort; bevorzugt kalkhaltige Böden, verträgt keine sauren Substrate; allgemein robust; etwas salzempfindlich.

Verwendung: Bevorzugt für Mischpflanzungen und Wildgehölzhecken, wegen der meist relativ geringen Höhe aber in vorderer Reihe, auch zusammen mit Stauden.

Pflege und Schnitt: Pflege kaum notwendig, verträgt Schnitt gut.

Der Jahreszeiten-Tipp: Eines der besten heimischen Wildgehölze für das ganze Jahr – im Frühjahr durch die Blüte, im Sommer durch das frische Grün der Blätter, im Herbst durch die attraktive Herbstfärbung und im Schnee des Winters durch den anhaltenden Beerenschmuck.

Besonderheiten: Die heimische Berberitze ist eine wertvolle Bienenweide, aber ebenso Nahrungsquelle für Vögel, denen sie auch Nistmöglichkeiten und Schutz gewährt.

Hinweise zum Umgang: Wegen der Dornen nicht zu nahe an Sandkästen/Kinderspielplätzen pflanzen.

Empfehlenswerte Sorte: *Berberis vulgaris* 'Atropurpurea', wunderbare gelbe Blüten, purpurrot-grünliches Laub, ansonsten ähnlich *B. vulgaris*.

Kornelkirsche

Cornus mas
Kornelkirsche

Verbreitungsgebiet/Vorkommen:
Ursprünglich ost-mediterran, lange
eingebürgert, heute bis Osteuropa;
an besonnten Waldrändern, in
lichten Laubmischwäldern, in Gebüschen.

Wuchs, Zweige und Rinde: Großstrauch, seltener kleiner Baum, in
der Regel bis 6 m hoch, in der Jugend aufrechter Wuchs, später
breitbuschig bzw. breitrunde Krone,
langsam wachsend; Triebe grau-
grün, vierkantig, Oberseite der
Zweige oft etwas rotbraun.

Blüte und Frucht: Blüten ab Ende
Februar/März bis April, gelb, kugelige Dolden, sehr schön und auffällig, lange Blüte (3 bis 4 Wochen),
vor dem Laubaustrieb.

Blatt: Sommergrün; Farbe kräftiges
Grün, im Herbst gelblich, teils etwas
verbräunend.

Klima, Boden und Standort: Volle
Sonne bis lichter Schatten; sehr
frosthart; mag einen warmen
Standort, verträgt Hitze; anspruchslos an den Boden, wenn locker genug; meidet verdichtete Böden; all-

gemein sehr robust, aber salzempfindlich.

Verwendung: Vielseitiges und sehr
wertvolles Gehölz; als Wildpflanze
bevorzugt in naturnahen Pflanzungen wie Hecken und Gehölzgruppen, aber auch in Einzelstellung mit
Zwiebelpflanzen und Stauden; der
gewählte Platz sollte der Kornelkirsche etwas Platz zur Entfaltung
lassen und nicht zu schattig sein.

Pflege und Schnitt: Das im Herbst
abgefallene Laub sollte liegen gelassen werden; Schnitt verträgt die
Pflanze sehr gut.

Der Jahreszeiten-Tipp: Die Kornelkirsche ist einer der wertvollsten
Frühjahrsblüher, der dann einer gelben Wolke ähnelt; perfekte Partner
sind gleichzeitig blühende, blaue
Zwiebelpflanzen und Stauden wie
Muscari armeniacum, *Scilla* und
Leberblümchen; im Herbst zeichnet
er sich durch seinen leuchtend
roten Beerenschmuck aus, der farblich sehr schön mit den grünen
Blättern harmoniert.

Besonderheiten: Die Beeren
('Kornelkirschen') sind genießbar
und können etwa zu Marmelade
verarbeitet werden.

Corylus avellana
Hasel, Haselnuss

Verbreitungsgebiet/Vorkommen:
Europa bis Westasien; in Laub-
mischwäldern, am Waldrand, in
Hecken und Feldgehölzen.

Wuchs, Zweige und Rinde: Großstrauch, bis ca. 5 m hoch, breit aufrechter Habitus, mit der Zeit
schirmförmig, langsam wachsend;
Zweige sind grau und elastisch.

Blüte und Frucht: Blüten Ende Fe-
bruar/März bis April, einhäusig,
männliche Kätzchen gelb, weibliche
eher unauffällig, vor dem Laubaustrieb, Windbestäubung; braune,
essbare Früchte mit harter Schale,
Reife ab September, Verbreitung
durch Wildtiere.

Blatt: Sommergrün; Farbe frischgrün, im Herbst gelb; rundlich herzförmig, groß, ab Anfang Mai er-
scheinend.

Klima, Boden und Standort: Sonne
bis Halbschatten; frosthart; liebt
warmen Standort, aber nicht unbedingt notwendig; besitzt wenig Ansprüche an den Boden, nur nicht
auf reinen Sandböden; allgemein
robust, aber salzempfindlich.

Verwendung: Für nicht zu kleine
Gärten, sowohl für Wildgehölzhecken als auch einzeln gemeinsam
mit kleineren Gehölzen und Stauden, bevorzugt für naturnahe
Pflanzungen.

Pflege und Schnitt: Die Haselnuss
bedarf im Grunde keiner besonderen Pflege, wenn ihre wenigen Ansprüche erfüllt sind; Schnitt verträgt die Pflanze, wenn er einmal
nötig werden sollte, sehr gut.

Der Jahreszeiten-Tipp: Als ebenfalls
gelber Blütenpartner im zeitigen
Frühjahr bietet sich insbesondere
die Kornelkirsche an; für den Sommer kann die Haselnuss etwa mit
der ebenfalls reizvoll beblätterten
Christrose unterpflanzt werden,
deren dunkelgrünes Laub später im

Jahr dann auch das herbstliche Gelb der Haselnussblätter gut zur Geltung bringt.

Besonderheiten: Bietet Vögeln und anderen Tieren (z. B. Eichhörnchen) Unterschlupf, Nistmöglichkeiten und Nahrung; verschiedene Zuchtformen erhältlich, die besonders große Früchte tragen.

Empfehlenswerte Sorten: *Corylus avellana* 'Contorta', Korkenzieherhasel, Zuchtform, deutlich kleiner als die Art, nur bis ca. 2 m hoch, Blütezeit 1 bis 2 Wochen später, kleinere Früchte, etwas schlechter schattenverträglich; eigentliche Besonderheit sind die nach Art eines Korkenziehers verdrehten Zweige und Triebe, die auch für Gestecke und Bastelarbeiten Verwendung finden; diese Pflanze ist allerdings 'Geschmackssache' und eignet sich nicht für naturnah gestaltete Gärten; *C. maxima* 'Purpurea', trägt das ganze Jahr über dunkelrote, etwas grün schimmernde Blätter, niedriger als *C. avellana*, ansonsten ähnlich wie diese (siehe Abbildung).

Salix
Weide

Verbreitungsgebiet/Vorkommen: Je nach Art; meist Europa und Asien; großer Formenreichtum, da sich verschiedene Weidenarten auch in der Natur untereinander kreuzen.

Wuchs, Triebe und Rinde: Je nach Art und Sorte, von ca. 1 m bis zu 5 m hoch.

Blüte und Frucht: Blüten im März bis April, meist als weiß-silbrige Kätzchen mit gelben Staubbeuteln, viele Zuchtsorten blühen kaum oder nur sehr unauffällig.

Blatt: Sommergrün; Farbe grün; eiförmig bis lanzettlich, wegen großem Formenreichtum auch sehr unterschiedliche Blätter;

Klima, Boden und Standort: Sonne bis Halbschatten; frosthart; Weiden sind extrem anspruchslos bezüglich des Bodens, bevorzugen aber in der Regel feuchte und saure Substrate, die durchaus auch nass sein dürfen; einige Arten und Sorten akzeptieren sogar trockene Böden; Weiden

Spieß-Weide

zeichnen sich durch große Robustheit aus.

Verwendung: Bevorzugt in der Nähe von Gewässern oder auf kiesigen Substraten; nur bestimmte, niedrig bleibende Arten/Sorten sind für den kleinen Garten geeignet.

Pflege und Schnitt: Weiden sind extrem pflegeleicht; bei veredelten Sorten müssen von Zeit zu Zeit die Wurzelausläufer entfernt werden.

Der Jahreszeiten-Tipp: Sehr attraktiv sind die zu Beginn des Frühjahrs erscheinenden Kätzchenblüten, aber auch die Belaubung hat – insbesondere bei *S. repens* und *S. purpureus* – ihren Reiz.

Empfehlenswerte weitere Art/Sorte: *Salix caprea*, Sal- oder Palmweide, Strauch oder kleiner Baum, bis ca. 5 m hoch, schöne männliche Blütenkätzchen; *Salix repens* ssp. *Rosmarinifolia*, bis ca. 1,5 m hoch, trockenheitsverträglich; *S. x smithiana*, bis ca. 5 m hoch, Blüten April/Mai, besonders große und auffallende Blütenkätzchen; *S. purpurea* 'Gracilis', nur bis ca. 1 m hoch, silbrig-graues Blattwerk, reizvolle Herbstfärbung, trockenheitsverträglich.

Bluthasel

Sambucus nigra
Schwarzer Holunder

Verbreitungsgebiet/Vorkommen: Weite Teile Europas und Asiens.

Wuchs, Triebe und Rinde: Strauch, ca. 6 bis 7 m hoch, Rinde hell, korkig; Zweige mit weißem Mark, hohl.

Blüte und Frucht: Blüten im Juni bis Juli, rahmweiß, klein, in bis zu 20 cm breiten Dolden; dunkelviolett-schwarze Holunderbeeren, ab September.

Blatt: Sommergrün; Farbe matt dunkelgrün (früher Laubfall); zu fünft gefiedert, Form der Blättchen elliptisch, zugespitzt.

Klima, Boden und Standort: Sonne bis Schatten; frosthart; stellt extrem geringe Ansprüche an den Boden; besonders gern auf nährstoffreichen Böden; verträgt auch durchfeuchtete Substrate.

Verwendung: Am besten in naturnahen Anlagen und Situationen, bei Bauerngärten; nützlich als Beschattung von Komposthaufen.

Pflege und Schnitt: Der Holunder kommt im Normalfall völlig ohne Pflege und Schnitt aus; Schnitt wird, falls (etwa aus Platzgründen) notwendig, sehr gut vertragen.

Der Jahreszeiten-Tipp: Der Holunder ist eine wertvolle Nutzpflanze, vor allem aber auch ein wertvolles Ziergehölz mit wunderschönen Blüten und reichem Beerenschmuck; sehr gut passt er mit Weigelien zusammen; ansonsten sollte er am besten mit Schatten liebenden, rosa oder blau blühenden, heimischen Wildstauden unterpflanzt werden.

Besonderheiten: Holunderbeeren sind essbar, aber giftig/ungenießbar in unreifem/rohem Zustand; können gekocht zu zahlreichen Speisen verarbeitet werden (z. B. Kompott, Likör); Bestandteil von Naturarzneimitteln; Früchte werden durch Vögel und andere Tiere verbreitet; deswegen und aufgrund der intensiv färbenden Beeren sollte der Holunder möglichst nicht in die Nähe von Waschplätzen und Autoabstellplätzen gepflanzt werden.

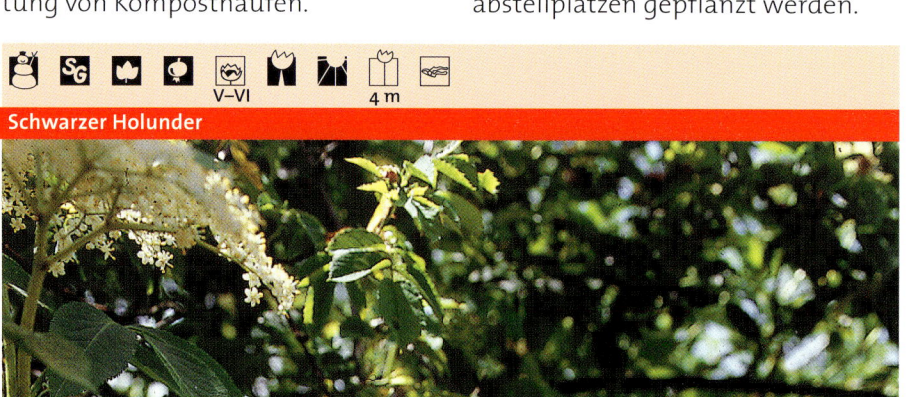

Schwarzer Holunder

Gewöhnlicher Schneeball

Viburnum opulus
Gewöhnlicher Schneeball

Verbreitungsgebiet/Vorkommen: Weite Teile Europas und Asiens, häufiges Vorkommen; in Wäldern, Gebüschen und Hecken.

Wuchs, Triebe und Rinde: Bis ca. 4 m hoch, aufrechter Wuchs, hellgraue Rinde.

Blüte und Frucht: Blüten im Mai bis Juni, weiß, in Trugdolden, außen ringförmig größere Einzelblüten angeordnet; eirunde, intensiv glasig-rote Beeren, die fast den ganzen Winter über an der Pflanze verbleiben.

Blatt: Sommergrün; Farbe oben hellgrün, unterseits graugrün, im Herbst zu intensivem Rot verfärbend; 3- bis 5-lappig, groß, bis ca. 12 cm lang, gezähnt.

Klima, Boden und Standort: Bei feuchten Böden in der Sonne, sonst

Gewöhnlicher Schneeball

V–VI   4 m

Kostbarkeiten mit besonderen Merkmalen

Aesculus parviflora

Strauchrosskastanie, Zierkastanie

Verbreitungsgebiet/Vorkommen: Nordamerika.
Wuchs, Zweige und Rinde: Großstrauch, ca. 3 bis 4 m hoch, durch Bodenausläufer schnelles Breitenwachstum; kahle Zweige.
Blüte und Frucht: Blüten im Juli/August, lange, aufrecht stehende Rispen, weiß (weiß-rosafarbene Staubfäden).
Blatt: Sommergrün; Farbe grün, handförmige Blätter mit 5 bis 7 lang zugespitzten Blättchen, auf der Blattunterseite mit grauer Behaarung.
Klima, Boden und Standort: Gerne Halbschatten, bei ausreichender Boden- und Luftfeuchte auch in voller Sonne; frosthart; ansonsten recht anspruchslos an den Boden und robust, verträgt auch Stadtklima.
Verwendung: Vielseitig einsetzbarer, sehr dekorativer Strauch für Gärten fast jeder Größe außer leinen Innenhöfen und Dachgärten; das Breitenwachstum kann durch regelmäßiges Entfernen der Ausläufer gut unter Kontrolle gehalten werden; im großen Garten ist wegen der Blattformen die Pflanzung zusammen mit einem Kastanienbaum äußerst reizvoll; allgemein besonders für schattige Bereiche und/oder in der Nähe von Teichen und Gewässern (auf Böden ohne Staunässe).
Pflege und Schnitt: Praktisch nur Entfernung von Wurzelausläufern

besser Halbschatten; frosthart; bevorzugt schwere, feuchte, kalkhaltige Böden mit guter Humus- und Nährstoffversorgung; empfindlich gegen Boden- und Lufttrockenheit (fördert Lausbefall); ansonsten robust.
Verwendung: Als Halbschatten vertragendes Wildgehölz vielfältig einsetzbar; zur Unterpflanzung größerer Bäume oder Sträucher, in Gruppenpflanzungen und Hecken, allgemein in naturnahen Anlagen; wegen der großen Attraktivität aber auch zusammen mit anderen Blütensträuchern und Stauden (bevorzugt solchen mit Wildstaudencharakter); als Kübelpflanze weniger geeignet; nicht an Plätzen mit stauender Hitze einsetzen.
Pflege und Schnitt: Pflege ist am richtigen Standort kaum notwendig; in langen Trockenperioden wässern; sehr gut schnittverträglich.

Der Jahreszeiten-Tipp: Der gewöhnliche Schneeball zählt zu den schönsten Ganzjahresgehölzen; unter den einheimischen Wildgehölzen trägt er mit die schönsten Blüten; das wunderschöne hellgrüne Laub bildet einen farblichen Komplementärkontrast zum intensiven Rot der lang haftenden Beeren und verfärbt sich im Herbst ebenfalls rot; als farblich passende Partner eignen sich besonders Eibe *(Taxus baccata)* und Hartriegel *(Cornus sanguinea)*; Wildstauden wie Geißbart und weiß blühender Fingerhut *(Digitalis grandiflora)*.
Besonderheiten: Die Beerenzweige des Schneeballs sind ein sehr reizvoller Zimmerschmuck für die Vase, insbesondere zusammen mit dem herbstlich gefärbten Laub.
Hinweise zum Umgang: Beeren sind in rohem Zustand giftig, deshalb Vorsicht mit Kindern!

Strauchrosskastanie, Zierkastanie

VII–VIII   3–4 m

notwendig, falls nicht viel Platz vorhanden ist; Pflanze verträgt aber Schnitt gut (im Zeitraum von Dezember bis Februar durchführen).

Der Jahreszeiten-Tipp: Besonders wertvoll durch recht spät erscheinende, attraktive Blüten und dekoratives Laub.

Besonderheiten: Gutes Bienennährgehölz.

Euonymus europaeus

Pfaffenhütchen

Verbreitungsgebiet/Vorkommen: Europa, Westasien.

Wuchs, Zweige und Rinde: Strauch oder kleiner Baum, ca. 3 bis 5 m hoch; Triebe grün, mit Korkleisten versehen.

Blüte und Frucht: Blüten im Mai, gelblich-grün, klein, eher unauffällig; namensgebende Frucht ist rosa-rot, nach dem Aufspringen ist der orangefarbene Samenmantel zu sehen, vierlappig, hängend.

Blatt: Sommergrün; Farbe mittleres Grün, im Herbst Verfärbung zu orange und rot; Form eiförmiglänglich.

Klima, Boden und Standort: Sonne bis Halbschatten; frosthart; ohne große Ansprüche an die Bodenverhältnisse und weiterer Standortbedingungen, bevorzugt aber kalkhaltige, schwere und feuchte Böden; robust, aber salzempfindlich.

Verwendung: Am besten in naturnahen Planungen, zusammen mit anderen Wildgehölzen und Wildstauden, in ungeschnittenen Hecken.

Pflege und Schnitt: Braucht im Grunde keine besondere Pflege; verträgt Schnitt, jedoch ist dieser ebenfalls nicht notwendig.

Der Jahreszeiten-Tipp: Das Pfaffenhütchen spielt seine Vorteile insbesondere im Sommer mit seinen ungewöhnlichen, attraktiven Früchten und mit seiner herbstlichen Laubfärbung aus; als Partner für den Herbst kommen etwa Feldahorn, Gemeiner Schneeball und blauviolett blühende Herbstastern in Frage; aber auch im Winter heben sich die grünen Triebe als frische Farbpunkte im Schneeweiß ab.

Hinweise zum Umgang: Vorsicht mit Kindern, da Blätter und Beeren giftig sind.

Weitere empfehlenswerte Arten: *Euonymus planipes*, aus Japan, insgesamt ähnlich *E. europaeus*, aber überhängende Zweige, Blatt größer, 8 bis 12 cm lang, eiförmig zugespitzt, im Herbst wunderschön gelb-orange-rot gefärbt; *E. alatus*, aus Asien, kompakter Wuchs, langsam wachsend, erst nach langer Zeit ca. 2,5 m Höhe erreichend, grüne Triebe mit breiten, sehr auffälligen Korkleisten, Früchte unauffällig, Blatt klein, elliptisch-eiförmig, im Herbst zu gelb-orange, schließlich zu wundervollem reinem Karminrot verfärbend; beide Arten ähneln in ihren Standortansprüchen denen von *E. europaeus* (siehe Abbildung); alle Arten sind giftig.

V   3–5 m

Flügelspindelstrauch

Sanddorn

Immergrüne Laub- und Nadelgehölze

Abies
Tanne

Verbreitungsgebiet/Vorkommen: *Abies alba* (Weißtanne) in Gebirgen Mittel- und Südeuropas, in Tannen- oder Mischwäldern; ansonsten vielfältig – Nordamerika, Asien, Europa sowie zahlreiche Zuchtformen.

Wuchs, Triebe und Rinde: Wildformen von ca. 5 m *(Abies koreana)* bis über 50 m hoch (z. B. Abies alba), Stamm meist bis zur Spitze durchgehend; Äste stehen häufig steif ab (waagerecht oder nach oben aufstrebend).

Blüte und Frucht: Blüte recht unauffällig, teils gelblich bis rötlich; Zapfen aufrecht stehend, zylindrisch, je nach Art/Sorte von ca. 5 bis 25 cm lang, Zuchtformen teils ohne Fruchtbildung.

Nadeln: Immergrün; je nach Art und Sorte dunkelgrün bis grau- oder blaugrün, unterseits teils grau bis weiß, fest, ca. 1,5 bis 3 cm lang, bei einigen auch länger (z. B. ca. 6 cm bei *Abies concolor*/Koloradotanne), häufig duftend.

Klima, Boden und Standort: Meist volle Sonne; frosthart; Tannen bevorzugen in der Regel humos-lehmige Böden mit schwach saurem bis alkalischem Bodenmilieu; in vielen Fällen reagieren Tannen empfindlich auf Luft- und Bodentrockenheit; auch zu schwere, kalte und vernässte Böden (Tonböden) werden abgelehnt.

Verwendung: Die sehr hoch wachsenden Arten wie z. B. Abies alba sind schon wegen der Größe, aber auch wegen der spezifischen Standortansprüche und der Anfälligkeit gegen Luftverschmutzung für den

---

7 m

Hippophae rhamnoides
Sanddorn

Verbreitungsgebiet/Vorkommen: Weit verbreitet in Europa und Asien, auf allen leichten, sandigen Böden.

Wuchs, Zweige und Rinde: Großstrauch, bis ca. 7 m hoch, sparrig wachsend; Triebe sind kurz, mit langen Dornen versehen; graue Rinde.

Blüte und Frucht: Blüten unauffällig, Windbestäubung (falls zwei verschiedengeschlechtliche Pflanzen vorhanden); leuchtend orangefarbene Beerenfrüchte (nur an den weiblichen Pflanzen!).

Blatt: Sommergrün; Farbe beidseitig silbern grau-grün; schmal lanzettlich, ca. 5 bis 7 cm lang.

Klima, Boden und Standort: Volle Sonne; frosthart; bevorzugt leichte, kalkhaltige Böden, ansonsten wenig anspruchsvoll; sehr trockenheitsverträglich, nur empfindlich gegen schwere, vernässte Böden; salzverträglich.

Verwendung: Insbesondere für besonders leichte Böden, etwa auf Sand- und Heideböden; wegen der guten Salzverträglichkeit auch in Meeresnähe.

Pflege und Schnitt: Bedarf am richtigen Standort praktisch keiner Pflege; verträgt Schnitt sehr gut; fruchtbehangene Zweige eignen sich gut als Vasenschmuck.

Der Jahreszeiten-Tipp: Die außergewöhnliche Wuchsform und die silbrig grau-grünen Blättchen zieren während der gesamten Vegetationszeit; im Herbst dominieren die leuchtend orangefarbene Beeren.

Besonderheiten: Pflanze ist getrenntgeschlechtlich, d. h. es existieren männliche und weibliche Exemplare; zur Bestäubung müssen Partnerpflanzen vorhanden sein; die Vitamin-C-haltigen Beeren werden auch zu Nahrungsprodukten verarbeitet.

Hinweise zum Umgang: Wegen Bestachelung nicht in unmittelbare Nähe von Sandkästen pflanzen.

Koreatanne

5–6 m

Garten kaum geeignet; niedriger bleibende, weniger anspruchsvolle Arten und Zuchtsorten sollten mit Bedacht eingesetzt werden, etwa weniger in Einzelstellung auf Rasenflächen; am besten mit standortverwandten Laubgehölzen und Sträuchern.

Pflege und Schnitt: Bei guter Standortwahl kaum pflegebedürftig; bei längerer Trockenheit wässern, um Nadelfall vorzubeugen; die meisten Tannen vertragen Schnitt sehr gut und treiben wieder gut aus; eine Wundbehandlung ist wegen der wundverschließenden Funktion des Harzes nicht notwendig.

Der Jahreszeiten-Tipp: Als Immergrüne eignen sich Tannen unter anderem als Sichtschutzpflanzung oder zum Verdecken unschöner Stellen; als – allerdings sehr groß werdende – Garten-Weihnachtsbäume bereiten sie Kindern Freude; im Spätherbst und Winter wirken Tannen sehr gut mit Weiß- oder Rotbuche zusammen, deren Blätter sich zunächst gelb bis goldbraun verfärben und dann am Baum hängen bleiben.

Besonderheiten: Bei der Standortwahl sollten stark saure und kalkhaltige Substrate vermieden werden, da viele Tannen darauf mit Chloroseerscheinungen, der Gelbfärbung der Nadeln und mangelnder Widerstandsfähigkeit reagieren (Ausnahmen siehe unten); die Zapfen liefern Vögeln und anderen Tieren Nahrung; in der Adventszeit lassen sich Zweige schneiden, jedoch sollte dies vorsichtig geschehen, um die Wuchsform nicht zu deformieren.

Empfehlenswerte Arten und Sorten für den kleinen Garten: *Abies koreana*, Koreatanne, aus den Gebirgen Südkoreas, niedrig beibend, nicht über 5 bis 6 m hoch, Veredlungsformen deutlich kleiner, Nadeln oberseits dunkelgrün, unterseits blau-grau, viele Zapfen ab September, violett bis braun, toleriert kalkhaltige Substrate, auch für kleine bis mittlere Gärten gut geeignet; *A. nobilis* 'Glauca', Edel-Tanne, niedrig bleibend, bis ca. 5 m hoch, Nadeln blau-grau/-weiß, auffallende Zapfen, bis ca. 25 cm lang, empfindlich gegen kalkhaltige Substrate.

Buxus sempervirens var. *arborescens*
Buchsbaum

Verbreitungsgebiet/Vorkommen: Südeuropa, mediterraner Bereich, Westasien, Afrika.
Wuchs, Zweige und Rinde: Großstrauch oder kleiner Baum, ca. 6 bis 8 m hoch, langsam wachsend, aufrechter Wuchs, breite Krone; olivgrüne, kantige Zweige.
Blüte und Frucht: Blüten erscheinen erst nach mehreren Jahren, gelblich, klein, unauffällig.
Blatt: Immergrün; Farbe glänzend dunkelgrün; Form eiförmig-länglich, dick, ledrig.
Klima, Boden und Standort: Volle Sonne bis Schatten; frosthart, nur in sehr harten Wintern leichte Frostschäden an den Triebspitzen; bevorzugt leichte, kalkhaltige Substrate; verträgt Hitze und Trockenheit hervorragend, akzeptiert aber auch feuchte Böden; allgemein sehr robust.
Verwendung: Sowohl frei wachsend als auch für Kübelkultur zur ganzjährigen Begrünung von Dachgärten und -terrassen; für Form- und Figurenschnitt bestens geeignet; ungeschnittene Hecken zur zurückhaltenden Strukturierung naturnah gestalteter Gärten; wichtige Bauerngartenpflanze.

6–8 m

Buchsbaum

Pflege und Schnitt: Allgemein wenig Pflege notwendig, nur an problematischen Standorten kalkbetont düngen; Schnitt kann im Frühjahr ab dem Laubaustrieb erfolgen.

Der Jahreszeiten-Tipp: Der Buchsbaum ist eine der unentbehrlichen Immergrünen und gibt dem Garten auch im Winter Form; eine schneebedeckte Buchshecke morgendlichem Rauhreif setzt im winterlichen Garten wunderschöne gestalterische Akzente.

Besonderheiten: Bienennährgehölz; bietet Vögeln Rückzugs- und Nistmöglichkeiten.

Hinweise zum Umgang: Im Gegensatz zu anderen immergrünen Gehölzen auch von Familien mit kleinen Kindern uneingeschränkt verwendbar; Blätter nur für einige Haustiere giftig.

Empfehlenswerte Sorte: *Buxus sempervirens* 'Suffruticosa', Einfassungsbuchs, niedrig bleibende und sehr langsam wachsende Zuchtform, nur bis etwa 1 m hoch, Blatt kleiner als bei obiger, oft etwas rötlich-grün; Verwendung für Wege- und Beeteinfassungen sowie für kunstvolle Parterres; jährlicher Schnitt ist unbedingt notwendig; ansonsten in Eigenschaften und Ansprüchen ähnlich *B. sempervirens* var. *arborescens*.

Immergrünes Pfaffenhütchen

1,5 m

Euonymus fortunei 'Vegetus'

Immergrünes Pfaffenhütchen

Verbreitungsgebiet/Vorkommen: Japan.

Wuchs, Zweige und Rinde: Busch von etwa 1,5 m Höhe oder kriechende Kletterpflanze, breitwüchsig; dicke Triebe, mit Haftwurzeln versehen.

Blüte und Frucht: Blüten im Mai, grünlich-gelb, klein, zahlreich, aber unauffällig; Früchte weiß, nach Aufplatzen mit orangefarbenem Samenmantel, im Herbst.

Blatt: Immergrün; dick, matt hellgrün, rundlich-elliptisch.

Klima, Boden und Standort: Sonne bis Schatten; relativ frosthart; ohne besondere Ansprüche an den Boden; sehr robust.

Verwendung: Wegen geringer Ansprüche besonders vielseitig verwendbar; zur Vorpflanzung vor sommergrünen Gehölzen, zur Begrünung größerer Flächen oder als Kletterpflanze an Mauern und großen Bäumen.

Pflege und Schnitt: Pflanze ist pflegeleicht; verträgt Schnitt gut.

Der Jahreszeiten-Tipp: Pflanze eignet sich als eine Art dicker 'grüner Teppich', der das ganze Jahr über sein Blattkleid behält; für größere Flächen, etwa vor schattigen Mauern; in Bäumen kletternd, kommt sie nach dem Laubfall den ganzen Winter über schön zur Geltung.

Besonderheiten: Bietet Vögeln Nahrung und Deckung.

Hinweise zum Umgang: Pflanze ist giftig, daher Vorsicht mit Kindern!

Weitere empfehlenswerten Arten und Sorten: *Euonymus fortunei* (aus Japan, kriechender Bodendecker und Kletterpflanze, selbstklimmend, Blatt immergrün, kleiner als bei obiger Pflanze, Sonne bis Halbschatten); *E. fortunei* 'Gracilis'/ 'Variegatus' (wie *E. fortunei*, aber weißbuntes Blatt); beide ähneln ansonsten in Ansprüchen und Eigenschaften *E. fortunei* 'Vegetus'.

Ilex aquifolium

Stechpalme, Hülse

Verbreitungsgebiet/Vorkommen:
Weite Teile West- und Südeuropas, bis Mitteleuropa; meist in Laubmischwäldern oder Tannenwäldern, am Waldrand oder im lichten Unterwuchs, in Hecken und Gebüschen.

Wuchs, Triebe und Rinde: Großstrauch oder kleiner Baum 3. Ordnung, Wuchshöhe je nach Klimazone stark schwankend, meist bis etwa 6 m, Krone hochgewölbt-kugelförmig; zuerst aufrecht wachsend, dann Äste überhängend; Zweige grün, später grau.

Blüte und Frucht: Blüten im Mai bis Juni; weiß, klein, mit leichtem Duft, zweihäusig, ab September rote, kugelförmige Steinfrüchte.

Blatt: Immergrün, glänzend grün, eiförmig mit gestacheltem Rand.

Klima, Boden und Standort: Am liebsten lichter Schatten oder Halbschatten; vollsonniger Stand führt im Winter oft zu Kälteschäden; nicht völlig frosthart, bei anhaltenden Temperaturen unter -20°C starke Schädigung möglich; empfindlich gegen starke Hitze, Luft- und Bodentrockenheit; akzeptiert nahezu alle Böden, wenn nicht zu schwer (tonig).

Verwendung: Sowohl zur freien Stellung als auch in geschnittenen wie ungeschnittenen Hecken; die Säulenform 'Pyramidalis' eignet sich bestens zur Begleitung von Wegen und zur Betonung von Durchgangssituationen.

Pflege und Schnitt: Das Erdreich sollte feucht gehalten werden, in längeren Trockenperioden muss großzügig gewässert werden; die Stechpalme verträgt Schnitt sehr gut und treibt danach wieder hervorragend aus; nach Rückfrieren im Winter kann die Pflanze deshalb durchaus stark zurückgenommen werden (bis ca. 30 cm über dem Erdboden); ansonsten ist der richtige Schnittzeitpunkt (etwa bei Hecken) von Mai bis August, da sonst der Neuaustrieb leicht durch Fröste geschädigt wird.

Der Jahreszeiten-Tipp: Die Stechpalme ist trotz ihrer nicht vollständigen Frosthärte ein wertvolles, das ganze Jahr über immergrünes Gehölz, das zudem durch ansprechenden Wuchs, im späten Frühjahr durch die hübschen Blüten und die bis weit in den Winter an der Pflanze verbleibenden roten Beeren auffällt; sehr empfehlenswert ist die Vorpflanzung einer Ilexhecke mit einer niedriger wachsenden, ebenfalls rot fruchtenden Berberitzenhecke.

Besonderheiten: Stechpalmen bilden leicht neue Kreuzungsformen/Mutationen, auch mit anderen Arten (z. B. *Ilex crenata*).

Hinweise zum Umgang: Pflanze ist giftig, deshalb Vorsicht mit Kindern; wegen gestachelten Blattspitzen nicht in die Nähe von Sandkästen o. Ä. pflanzen.

Empfehlenswerte Arten und Sorten: *Ilex aquifolium* 'Alaska', Wuchs bedeutend schwächer als bei der Art, für kleine Gärten; *Ilex aquifolium* 'Pyramidalis', Säulenform, bis ca. 10 m hoch, reich fruchtend; *Ilex crenata*, Japan-Stechpalme, niedrig und langsam wachsend, erst nach vielen Jahren 2 bis 3 m hoch, Blüten unauffällig, Früchte schwarz, Blätter klein, elliptisch, dunkelgrün, kerbig gesägt, Vollschatten gut vertragend; ansonsten Ansprüche und Eigenschaften ähnlich *Ilex aquifolium*.

V–VI   2–10 m

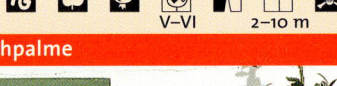

Stechpalme

Säulenwacholder

Juniperus communis

Gemeiner Wacholder

Verbreitungsgebiet/Vorkommen:
In weiten Teilen Europas und
Asiens, in Mitteleuropa heimisch;
in Laub- und Nadelmischwäl-
dern; auf nährstoffarmen,
sandigen Böden mit Heidecharakter, in den Alpen auf Kalkmager-
rasen.
Wuchs, Triebe und Rinde: Strauch
oder kleiner Baum, bis ca. 10 m
hoch, kegelförmiger bis breit-
buschiger Habitus, variierend,
unregelmäßig; Rinde rotbraun.

Blüte und Frucht: Blüten im April
bis Mai, männliche Kätzchen und
weibliche Zäpfchen (hellgrün);
Früchte als Beerenzapfen ('Wachol-
derbeeren'), Reife im zweiten Jahr
nach der Blüte, eßbar, aromatischer
Geschmack.
Nadeln: Immergrün; Farbe bläulich-
weiß-blaugrün; scharf zugespitzt,
aromatisch duftend.
Klima, Boden und Standort: Volle
Sonne; frosthart; extrem genüg-
sam und anspruchslos bezüglich
des Bodens, nur keine sehr schweren und vernässten Böden; sehr
robust.
Verwendung: Am besten in Gärten
mit Heidecharakter; in größerem
Abstand zu anderen Gehölzen
pflanzen; wegen des besonderen
Wuchses durchaus in hervorgeho-
bener Stellung.
Pflege und Schnitt: Bei richtiger
Standortwahl kaum pflegebedürftig, verträgt Schnitt, wenn dieser
nötig werden sollte.
Der Jahreszeiten-Tipp: Sehr schönes
'Ganzjahres-Gehölz' mit attraktivem
Wuchs und schöner Nadelfarbe, das
durchaus öfter gepflanzt werden
sollte; sehr schön zusammen mit
anderen Heidepflanzen wie Ginster
und Heidekraut.
Besonderheiten: Gutes Nährgehölz
für Vögel.
Hinweise zum Umgang: Im Gegensatz zu anderen Wacholderarten
(z. B. *Juniperus virginiana*) ist der Gemeine Wacholder *nicht* giftig, daher
auch für Familien mit Kindern unproblematisch.
**Empfehlenswerte Arten und
Sorten:** *Juniperus communis*
'Hibernica', Säulenwacholder,
Zuchtform mit regelmäßigem
Säulenwuchs, bis ca. 4 m hoch,
kaum fruchtend, wegen geringer
Höhe und Breite besonders für
kleine Gärten, an Durchgängen,
für Wegebegleitung und Ecksituationen.

Pieris japonica

Japanische Lavendelheide

Verbreitungsgebiet/Vorkommen:
Japan.
Wuchs, Triebe und Rinde: Strauch,
bis ca. 3 m hoch; Zweige braun.
Blüte und Frucht: Blüten im März bis
Mai, weiß, viele Einzelblüten in bis ca.
20 cm langen Rispen, überhängend.
Blatt: Immergrün; Farbe grün (im
Austrieb rötlich-braun), glänzend;
eiförmig-lanzettlich, gezähnt.
Klima, Boden und Standort: Halbschatten bis Schatten; frosthart; bevorzugt feuchte, nährstoffreiche,
humose und saure Böden; empfind-
lich gegen starken Kalkgehalt; dankbar für windgeschützten Platz.
Verwendung: Zusammen mit anderen Immergrünen; am besten im Japangarten, zwischen Felsen, nahe
des Wassers.
Pflege und Schnitt: Das abgefallene
Laub liegen lassen, ggf. zusätzliches
Laub ab Herbst auf den Wurzelbereich aufbringen (3 bis 4 cm); Boden
sollte unberührt bleiben.
Der Jahreszeiten-Tipp: Als Immer-
grünengesellschaft mit ebenfalls im
Frühjahr blühenden Rhododendren,
Azaleen u. a.
Hinweise zum Umgang: Pflanze ist
giftig, deshalb Vorsicht mit Kindern!

Japanische Lavendelheide

Bergkiefer

V–VI   5 m

Pinus

Kiefer

Verbreitungsgebiet/Vorkommen:
Weite Teile Europas, je nach Art/
Sorte, unten empfohlene Art/Sorte
vor allem in bergigen Regionen
Mittel- und Südeuropas.

Wuchs, Triebe und Rinde: Höhe und
Wuchs stark variierend, oft knorrig
gewachsen, mit kurzem Schaft, teils
mehrstämmig, unregelmäßige Kronen mit lockerem Habitus, teils mit
tiefrissiger Borke.

Blüte und Frucht: Blüten im Mai bis
Juni, männliche Blüten als gelbe
Kätzchen, weibliche Blüten als
kleine rote Zapfen; Früchte nach ca.
15 Jahren, ab Oktober des zweiten
Jahres nach der Blüte, als kleine,
graubraune Zapfen.

Nadeln: Immergrün; ca. 4 bis 7 cm
lang; lange Nadeln sind Kennzeichen aller *Pinus*-Arten.

Klima, Boden und Standort: Alle
Kiefern brauchen einen vollsonnigen Standort; frosthart; recht anspruchslos an den Boden, wenn
nicht völlig austrocknend; allgemein sehr robust.

Verwendung: In naturnahen Anlagen, im Alpinum; am besten zusammen mit Wildgehölzen und Wildstauden; für Hecken nicht geeignet;
sollte mit ausreichend großem
Abstand gepflanzt werden, damit
eine ausreichende Besonnung
gewährleistet ist.

Pflege und Schnitt: Kaum pflegebedürftig; Kiefern vertragen Schnitt
sehr gut, falls er einmal notwendig
werden sollte.

Der Jahreszeiten-Tipp: Kiefern gehören zu den schönsten heimischen
Nadelgehölzen und bilden mit dem
etwas knorrigen Wuchs und den
attraktiven Nadeln sowie den
kleinen Zapfen einen ganzjährig

attraktiven Gartenschmuck; zusammen mit Wildsträuchern und
blühenden Stauden (z. B. *Campanula latifolia*, *Viola odorata*) entstehen wunderschöne naturnahe
Situationen.

Besonderheiten: Die Kiefer bietet
Vögeln und anderen Tieren Nahrung, Schutz und Nistgelegenheit.

Empfehlenswerte Arten/Sorten:
Pinus mugo, Bergkiefer, in vielen
Gebieten Mittel- und Südeuropas
anzutreffen, Strauch mit stark ge-
krümmter Basis, bis ca. 5 m hoch,
langsam wachsend, bevorzugt hu-
mus- und nährstoffreiche, feuchte,
saure bis schwach alkalische Böden;
Pinus mugo var. *mughus*, Krumm-
holzkiefer, Strauch mit niederliegen-
den Ästen, aufrecht gebogen, breitbuschig, nur bis ca. 2 m hoch,
langsam wachsend, ansonsten ähnlich *Pinus mugo*, aber empfindlicher
gegen Luftverschmutzung.

Prunus laurocerasus
Kirschlorbeer

Verbreitungsgebiet/Vorkommen: Westasien bis Südosteuropa und Zuchtformen.

Wuchs, Triebe und Rinde: Strauch, je nach Sorte 1 bis 3 m hoch, dichter Wuchs; Jungtriebe grün.

Blüte und Frucht: Blüten im Mai bis Juni, teils auch noch länger oder Nachblüte im Herbst, weiß, klein, dicht stehend in aufrechten Trauben; dunkel purpurrote bis schwarze, kugelige Früchte.

Blatt: Immergrün; Farbe glänzend dunkelgrün, je nach Sorte länglich-zugespitzt oder eiförmig-elliptisch.

Klima, Boden und Standort: Halbschatten bis Schatten; frosthart, nur in extrem kalten Wintern friert die Pflanze deutlich zurück; bevorzugt feuchten, humusreichen und möglichst kalkarmen Boden.

Verwendung: Sowohl als Blütengehölz als auch als immergrüner 'Hintergrund', für geschnittene und ungeschnittene Hecken unterschiedlicher Höhe (je nach Sorte); auch als Kübelpflanze einzusetzen.

Pflege und Schnitt: Bei gutem Boden kaum Pflege notwendig; Schnitt wird gut vertragen, sollte aber nicht mit der Heckenschere, sondern mit der Gartenschere Blatt für Blatt vorgenommen werden, um die Blätter nicht zu verletzen.

Der Jahreszeiten-Tipp: Der Kirschlorbeer ist ein wichtiges, im späten Frühjahr blühendes Ziergehölz für wechselsonnige und schattige Bereiche; gute Partner zur Unterpflanzung sind etwa Astilben, hohe Anemonen und Frauenmantel; das immergrüne, glänzende Blattwerk ziert die Pflanze das ganze Jahr.

Besonderheiten: Gutes Bienennährgehölz; Zweige eignen sich als Vasenschmuck.

Hinweise zum Umgang: Alle Kirschlorbeersorten sind giftig, deshalb Vorsicht mit Kindern!

Empfehlenswerte Sorten: 'Herbergii', 1 bis 3 m hoch, aufrecht pyramidenförmiger Wuchs, Nachblüte im Herbst; 'Otto Luyken', ca. 1 bis 1,5 m hoch, reich blühend; 'Schipkaensis Macropylla', ca. 2 bis 3 m hoch, schnell wachsend, reich und oft bis zum Herbst blühend; 'Zabeliana', bis ca. 2 m hoch, aber langsames Höhenwachstum, breit, hellgrünes Blatt, sehr robust.

Feuerdorn

Kirschlorbeer

Pyracantha
Feuerdorn

Verbreitungsgebiet/Vorkommen: Mittelmeergebiet und Asien; meist Zuchtformen im Handel.

Wuchs, Triebe und Rinde: Je nach Sorte, ca. 1,5 bis 3 m hoch, sparriger Wuchs, dornenbesetzte Zweige, dunkelbraune Rinde.

Blüte und Frucht: Blüten im Juni, weiße Doldenrispen; Früchte gelb, orange oder rot, klein (unter 1 cm im Durchmeser), haften bis weit in den Winter an der Pflanze.

Blatt: Immergrün; Farbe grün, glänzend, meist gekerbt, mit kleinen Niederblättern, wechselständig.

Klima, Boden und Standort:
Sonne bis Schatten; frosthart; bevorzugt feuchten, humus- und nährstoffreiche Böden (am besten Lehmböden), gedeiht aber auch auf leichteren Böden; ansonsten robust.

Verwendung: Vielseitig einsetzbar, bei gutem Substrat auch als Kübelpflanze.

Pflege und Schnitt: Kaum besondere Pflege nötig; verträgt Schnitt gut, aber möglichst wenig schneiden, da die Blüten am mehrjährigen Holz ansetzen.

Der Jahreszeiten-Tipp: Der Feuerdorn gehört zu den wertvollsten Ziergehölzen für den Garten; zur Blütezeit wirkt er wunderbar mit einer rosafarbenen Wildrose wie Rosa rubiginosa zusammen; die Früchte schmücken die Pflanze über lange Zeit hinweg; das immergrüne Blattwerk prädestiniert die Pflanze ohnehin für den 'Ganzjahres-Garten'.

Besonderheiten: Sehr gutes Bienennährgehölz; bietet Vögeln Schutz und Nahrung.

Hinweise zum Umgang: Wegen Dornen besser nicht zu nah an Durchgängen und Sitzplätzen pflanzen.

Empfehlenswerte Arten/Sorten:
Pyracantha coccinea 'Bad Zwischenahn', 2 bis 3 m hoch, Früchte orangerot; *P. coccinea* 'Golden Charmer', 2 bis 3 m hoch, Früchte intensiv gelb; *P. coccinea* 'Orange Charmer', 2 bis 3 m hoch, Früchte orange; *P.* 'Soleil d'Or', niedrig, ca. 1 bis 1,5 m hoch, Früchte intensiv gelb.

Taxus baccata

Gemeine Eibe

Verbreitungsgebiet/Vorkommen:
Weit verbreitet in Europa, dem nördlichen Afrika und Südwestasien; oft in Gebirgen, vor allem als Unterwuchs in Buchen-, Tannen- oder Mischwäldern.

Wuchs, Triebe und Rinde: Kleiner Baum, bis ca. 18 m hoch, sehr alte Exemplare auch darüber, sehr langsam wachsend, oft strauchartiger Habitus, Krone breit kegelförmig bis unregelmäßig rund, durchgehender Stamm, häufig mehrstämmig, mit ausladenden, nach oben geneigten Seitenästen; Jungtriebe grün, Borke fleckig rotbraun, ablösend.

Blüte und Frucht: Blüten im März bis Mai, zweihäusig, männliche Blü-

VI   1,5–3 m

Feuerdorn

Säulen-Eibe

ten als kugelige Kätzchen, weibliche Blüten eher knospig; Früchte mit leuchtend rotem Samenmantel.

Nadeln: Immergrün; Farbe tief dunkelgrün, unterseits hellgrün gestreift; einzeln stehend, flach, zugespitzt.

Klima, Boden und Standort: Halbschatten bis Schatten, bei feuchtem Boden auch volle Sonne; frosthart, aber in extremen Wintern Kälteschäden möglich; braucht luftfeuchten Standort, am besten auch feuchten Boden; bevorzugt alkalische, kalkhaltige und durchlässige Substrate (keine Tonböden); empfindlich gegen große Hitze und Salzeintrag.

Verwendung: Wegen der geringen Größe und des sehr langsamen Wachstums auch gut für kleinere bis mittelgroße Gärten (ab ca. 300 m²) geeignet; sehr gut für dichte, geschnittene Hecken und für Formschnitt unterschiedlichster Art;

auch in großen, naturnahen Anlagen als Unterpflanzung von Großbäumen, zusammen mit Kalk liebenden Waldstauden (auf Böden mit geringem Humusgehalt).

Pflege und Schnitt: Am passenden Standort kaum pflegebedürftig; verträgt Schnitt sehr gut (am besten im Zeitraum von Juni bis August vornehmen).

Der Jahreszeiten-Tipp: Die Eibe bietet ein wunderbar dunkelgrünes Nadelkleid, das sich hervorragend als Hintergrundpflanzung für andere Gehölze einsetzen lässt; als geschnittene 'grüne Mauern' werden oft Gartenräume aus Eibenhecken geschaffen, die zudem noch attraktive rote Beeren tragen.

Besonderheiten: Die Samenmäntel der Früchte werden gerne von Vögeln gefressen.

Hinweise zum Umgang: Abgesehen von den roten Samenmanteln sind alle Pflanzenteile giftig, deshalb Vorsicht mit Kindern!

Empfehlenswerte weitere Arten und Sorten: *Taxus baccata* 'Aurea Variegata', bis ca. 5 m hoch und oft ebenso breit, tiefgelbe Nadeln; *T. baccata* 'Fastigiata', Säulenform der Gemeinen Eibe, bis ca. 5 m hoch (s. Abb.); *T. media* 'Hicksii', Bechereibe, säulenartig wachsende Form ohne Mitteltrieb, bis ca. 5 m hoch, Früchte ebenfalls ab September.

Reizvolle Obstgehölze und Beerensträucher

Cydonia oblonga
Quitte

Verbreitungsgebiet/Vorkommen: Griechenland, Kreta; Wildformen wohl aus Mittelasien und Persien.

Wuchs, Triebe und Rinde: Wuchsstärke je nach Sorte und Unterlage unterschiedlich, bis ca. 4 m; meist als rundkronige Buschbäume.

Blüte und Frucht: Blüten im Mai/Juni, zahlreich entlang der Zweige, rosa-weiß, halbkugelförmige Kelche; Früchte sehr groß, birnenförmig, intensiv gelb, Fruchtreife je nach Sorte, ab Ende September.

Blatt: Sommergrün; Farbe grün; eiförmig-elliptisch, teils mit gewelltem Rand.

Klima, Boden und Standort: Volle Sonne; weitgehend frosthart; bevorzugt mittelschwere, nicht zu trockene und warme Böden mit einem pH-Wert unter 6; bei kalten und vernässten Substraten regiert die Pflanze empfindlich, die Frostanfälligkeit nimmt dadurch zu.

Verwendung: Wegen der hohen At-

Quitte

Apfelbaum

IV–V

Malus domestica
Apfel-Kultursorten

Verbreitungsgebiet/Vorkommen:
Veredelte Zuchtformen; Artname ist Sammelbegriff; auch verschiedene andere Wildäpfel zur Züchtung in Verwendung, z. B. Malus pumila, Malus silvestris, heute vermehrt auch Malus robusta und Malus floribunda (siehe oben).

Wuchs, Triebe und Rinde: Stärke des Wuchses und Kronenform je nach Sorte und verwendeter Unterlage; Zweige und Triebe braun-grau; Rinde im Winter teils abplatzend.

Blüte und Frucht: Blüten ab April, meist weiß-rosa; Fruchtreife je nach Sorte, ab September.

Blatt: Sommergrün; Farbe grün; einfach, nicht gelappt, eiförmig bis elliptisch.

Klima, Boden und Standort: Volle Sonne; die meisten Sorten sind frosthart bis -20°C, allerdings können die Blüten im Frühjahr schon durch Fröste von -2°C empfindlich geschädigt werden; Bodenansprüche je nach Unterlage; allgemein lehmige, tiefgründige Böden; kalte und nasse (also vor allem tonige) Böden sind aber allgemein schlecht geeignet, da sie Wachstum und Fruchtentwicklung behindern und den Befall durch Krankheiten begünstigen.

Verwendung: Für Obstgärten, inmitten von Blütenwiesen; insbesondere auch für Bauerngärten.

Pflege und Schnitt: Zur Düngung bringt man am besten auf die Baumscheibe nur eine dünne Schicht halbreifen Komposts auf (ca. 1 cm stark), zusätzlich kann mit einer dünnen Schicht Gras oder Stroh gemulcht werden; vor allem bei Gefäßkultur sollte kaliumbetont gedüngt werden; in Trockenperioden muss – insbesondere während der Fruchtentwicklung – gewässert werden; zum winterlichen Schutz des Stammes sollte er im Herbst weiß gekalkt werden, um ein Abplatzen der Rinde zu vermeiden; zum Schutz vor dem Frostspanner können im Herbst Leimringe um den Stamm gewickelt werden; Apfelbäume brauchen einen jährlichen, fachgerechten Schnitt, um den Kronenaufbau, die Blütenbildung und den Ertrag zu fördern; dieser sollte am besten im Zeitraum Januar-Februar an frostfreien Tagen erfolgen.

Der Jahreszeiten-Tipp: Neben den wohlschmeckenden Früchten bietet der Apfelbaum auch einen bunt leuchtenden Fruchtschmuck; da die meisten Sorten sich bereits lange vor der Erntreife bunt färben, kann man sich an den Äpfeln (insbesondere natürlich bei rotbackigen Sorten) lange erfreuen; zur Blütezeit empfehlen sich als Pflanzpartner unter anderem die früh blühende *Clematis alpina*, blau blühende Zwiebelpflanzen wie *Scilla* oder Stauden wie Gedenkemein *(Omphalodes verna)*.

Besonderheiten: Apfelbäume sind hervorragende Bienennährpflanzen und geben auch Vögeln Nist- und Unterschlupfmöglichkeiten; heruntergefallene Äpfel werden gerne von Tieren gefressen; vielfältige Verwendung der Äpfel, zum Verzehr und/oder zur Weiterverarbeitung (Kompott, Kuchen, Süßspeisen etc.), je nach Sorte; viele Sorten eignen sich auch gut zur Einlagerung.

Empfehlenswerte Sorten: Cox Orangenrenette, bevorzugt milden Standort, Blüte frostempfindlich, Frucht teils etwas schorfanfällig; sehr guter, süßer Essapfel zum sofortigen Verzehr, Ernte im August, mit sehr attraktiver gelb-roter Farbe; Goldparmäne, bevorzugt warme Lagen, Essapfel, Ernte im

traktivität und des Sonnenhungers möglichst frei stellen, nicht für Blütenhecken.

Pflege und Schnitt: In der Jugend Aufbauschnitt (ähnlich wie bei Apfel und Birne), später nur noch Auslichtung; der Schnitt sollte im Frühjahr erfolgen

Der Jahreszeiten-Tipp: Die Quitte ist bisher viel zu wenig bekannt und gepflanzt; sie wertet jeden Garten auf und setzt sowohl mit ihren sehr auffälligen Blüten als auch den goldgelb leuchtenden Früchten, die – falls nicht geerntet – lange am Baum verbleiben, wunderbare Akzente im Ganzjahresgarten.

Besonderheiten: Quitten können gekocht zu wohlschmeckenden Marmeladen, Gelees, Kuchen, Schnitten etc. verarbeitet werden; für den rohen Verzehr ist das Fruchtfleisch zu hart.

September, lagerfähig bis Dezember; Idared, robust, nur manchmal anfällig für Mehltau, Tafelapfel, Ernte im Oktober, lagerfähig über den gesamten Winter; Jacob Lebel, robust, dankbar für windgeschützte Lage, Ernte im September, lagerfähig bis Dezember; James Grieve, einer der besten Tafel- und Kochäpfel, angenehm säuerlich schmeckend, Reife August/September, zum baldigen Verzehr bzw. zur baldigen Verarbeitung bestimmt, da kaum lagerfähig; Roter Boskoop, sehr robust, nur Blüte spätfrostgefährdet, sehr guter Tafel- und Kochapfel, Ernte ab Oktober, süß-säuerlich schmeckend, lagerfähig bis zum Frühjahr; Winterrambur, am besten auf warmen Böden, guter Kochapfel, saftig-säuerlicher Geschmack, Ernte ab Oktober, lagerfähig bis März.

Prunus avium
Süßkirsche

Verbreitungsgebiet/Vorkommen: Wildform weite Teile Europas bis Kleinasiens, Westasien; die existierenden Zuchtformen der Süßkirsche leiten sich sämtlich von Prunus avium ab.

Wuchs, Triebe und Rinde: Schwächer wachsende Kultursorten der Kirsche eignen sich auch für kleine Gärten; Wuchs variiert je nach Sorte und Veredlungshöhe; hellgraue Zweige.

Blüte und Frucht: Blüten im April bis Mai, unmittelbar vor dem Laubaustrieb, weiß, in Büscheln stehend, angenehmer Duft; Früchte rot, Verbreitung durch Vögel.

Blatt: Sommergrün, früh austreibend (ab April); Farbe dunkelgrün, im Herbst zu gelb-orange bis rot verfärbend, bis November am Baum verbleibend; breit elliptisch, wechselständig.

Klima, Boden und Standort: Sonne bis lichter Schatten; frosthart; akzeptiert viele Substrate, aber nicht auf Sand- oder Tonböden, empfindlich gegen saure Böden und Staunässe; salzempfindlich.

Verwendung: Vielseitig, auch in größeren Kübeln.

Pflege und Schnitt: Kultursorten sollten etwa alle drei Jahre einen fachgerechten Schnitt erhalten.

Der Jahreszeiten-Tipp: Kirschen lassen sich gut mit Vergissmeinnicht und Kaukasus-Vergissmeinnicht unterpflanzen.

Besonderheiten: Süßkirschen sind hervorragende Bienennährgehölze.

Empfehlenswerte Kultursorten: Große Schwarze Knorpelkirsche, geringe Standortansprüche, reich und regelmäßig fruchtend, sehr wohlschmeckend, Reife 5. Kirschwoche; Kassins Frühe Herzkirsche, geringe Ansprüche, reich und regelmäßig fruchtend, wohlschmeckend süß, frühe Reifezeit, 1. bis 2. Kirschwoche.

IV–V

Süßkirsche

Pyrus pyraster (Pyrus communis)

Holzbirne, Birnbaum, Gemeine Wildbirne

Verbreitungsgebiet/Vorkommen: Südosteuropa bis Westasien; seit langem in Europa heimisch, aber recht selten; Abgrenzung zwischen Wild- und Kulturformen (wegen zahlreichen Einkreuzungen, Verwilderungen etc.) schwierig, Übergang fließend.

Wuchs, Triebe und Rinde: Wildform normalerweise großer Baum, aber in Baumschulen viele niedriger bleibende Sorten für den kleinen Hausgarten; Triebe grau, glänzend.

Blüte und Frucht: Blüten im April bis Mai, vor und während des Laubaustriebs, weiß, ca. 2 cm im Durchmesser; Früchte der Kultursorten groß, mit unterschiedlicher Farbe und Form.

Blatt: Sommergrün, früh austreibend; Farbe frischgrün, glänzend, im Herbst verfärbend zu gelb-orange bis purpurrot; rundlich-eiförmig, wechselständig.

Klima, Boden und Standort: Sonne bis Halbschatten; relativ frosthart, insbesondere Blüte spätfrostgefährdet; akzeptiert nahezu alle leichten bis schweren, aber nicht zu kalten und nassen Böden (keine Tonböden!) mit guter Nährstoffversorgung, bevorzugt kalkhaltige Substrate.

Verwendung: Kulturformen im kleinen Hausgarten am besten als Halb- oder Hochstamm bzw. als Spalierbaum (bevorzugt an der Giebelseite von Wohnhäusern); auch für Kübelkultur geeignet.

Pflege und Schnitt: Kultursorten der Birne werden ähnlich wie Apfelbäume geschnitten, der Schnitt sollte ebenfalls jährlich erfolgen.

Der Jahreszeiten-Tipp: Die Birne beginnt mit Blüten- und Laubaustrieb bereits im zeitigen Frühjahr und erfreut durch die Wuchsform, die grau glänzenden Triebe und die Früchte bis zum Herbst; zum Ausklang des Jahres verfärben sich die Blätter in bunten Farben.

Besonderheiten: Birnen sind wertvolle Bienennährgehölze, sie bieten Vögeln Unterschlupf, Nistmöglichkeit und Nahrung; die Höhlen in Stamm und Ästen älterer, großer Bäume werden gern von Höhlenbrütern angenommen.

Empfehlenswerte Kultursorten: Conference, besonders widerstandsfähige, gut tragende und wohlschmeckende Sorte für Frischverzehr und Verarbeitung, Ernte September, bei guten Bedingungen und niedrigen Temperaturen lagerfähig bis März, dazu Früchte noch hart abpflücken; Gellerts Butterbirne, sehr gute, saftige Tafelbirne, allgemein robust, etwas schorfanfällig, Ernte und Genussreife September, nur kurz lagerfähig; Williams Christbirne, hervorragende, wohlschmeckende Birne zum Verzehr oder zur Verwertung zum Einwecken, für Spirituosen etc., Reife ab Mitte August, bevorzugt warme Lagen.

(IV–V)

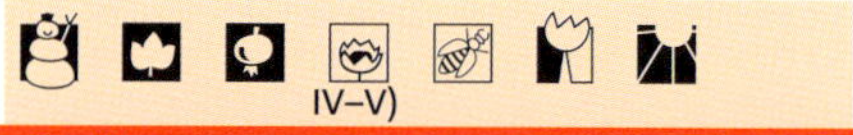

Birnbaum

Himbeere

V–VI 1,5 m

Rubus idaeus

Himbeere

Verbreitungsgebiet/Vorkommen: Weite Teile Europas und Mittelasiens; meist auf Waldlichtungen und an Waldrändern, in Hecken und Gebüschen, auf Brachflächen.
Wuchs, Triebe und Rinde: Scheinstrauch, bis ca. 1,5 m hohe Triebe, zweijährig, mit zahlreichen spitzen Stacheln besetzt, anfangs grün, später rötlich-braun.
Blüte und Frucht: Blüten im Mai bis Juni, in kleinen weißen Trugdolden, unauffällig; rote Himbeeren ab Juli.
Blatt: Sommergrün; Farbe dunkelgrün, im Herbst zu gelb-orange verfärbend; auf der Oberseite runzlig, unterseits weißfilzig.
Klima, Boden und Standort: Sonne bis Halbschatten; frosthart; bevorzugt nährstoffreiche, feuchte Böden, ansonsten wenige Ansprüche (alle leichten bis schweren Substrate).
Verwendung: Als Nutzpflanze oder als Gestaltungselement in naturnahen Bereichen, etwa im Umfeld von Gemüsebeeten und Bauerngärten, Pflanze braucht allerdings etwas Platz, da sie sich durch Wurzelausläufer erhält.
Pflege und Schnitt: Da die Blüten an den vorjährigen Trieben ansetzen, dürfen diese nicht abgeschnitten werden; nach dem Verblühen sollten die Triebe entfernt werden.
Der Jahreszeiten-Tipp: Wegen des etwas staksigen Habitus der Ruten kann man sie mit Brombeeren 'zusammentun', die dieser Strenge mit ihrer malerischen Wuchsform entgegenwirken.
Besonderheiten: Ruten sterben meist nach zwei Jahren, also nach der Blüte, ab; jedoch viele neue Wurzelschößlinge austreibend; Himbeeren bieten Vögeln und anderen Tieren Nahrung.
Empfehlenswerte weitere Art: *Rubus odoratus*, Zierpflanze, bis ca. 2 m hoher Strauch mit verholzenden Trieben, treibt Ausläufer, Blüten Juni bis August, karminviolett, duftend, himbeerähnliche Früchte, essbar, verträgt Schatten, ansonsten Ansprüche und Eigenschaften ähnlich *Rubus idaeus*.

Rosen

Verbreitungsgebiet/Vorkommen: Je nach Art, Sorte und Züchtungsverlauf, sehr unterschiedlich; meist Europa oder Asien; einige Arten und Sorten in Europa seit vielen Jahrhunderten bekannt (z. B. Klostergärten); unübersehbare Anzahl von Sorten im Handel.
Wuchs, Triebe und Rinde: Je nach Art/Sorte unterschiedlich; von bodendeckenden Sorten bis zu 4 m hohen Strauchrosen; von straff aufrecht bis bogig überhängend im Wuchs; Triebe meist mit Dornen besetzt, aber auch dornenlose Arten/Sorten (z. B. *Rosa multiflora*).
Blüte und Frucht: Blüten meist ab Juni, einige aber auch schon ab Mai (z. B. *Rosa hugonis*), teils einmalblühend mit oder ohne Nachblüte, teils öfter- oder dauerblühend; meist Weiß-, Rosa- oder Rottöne, heute aber auch viele gelbe Rosen; Form und Größe der Blüten sind sehr unterschiedlich; von kleinen, einfachen Blüten bis zu riesigen, dicht gefüllten Exemplaren; einige Rosen duften intensiv, andere gar nicht; Wildrosen und viele Strauch- wie auch Kletterrosen tragen

V–IX/X 4 m

'Mme. Pierre Oger'

'Graham Thomas'

V–IX/X   4 m

Hagebutten, insbesondere Edelrosen bilden dagegen nur selten
Früchte aus.
Blatt: Sommergrün; Farbe je nach
Art/Sorte hellgrün bis grau-blau;
gefiederte Blätter, Fiederblättchen
teils gesägt.
Klima, Boden und Standort: Meist
volle Sonne, nur wenige Arten/Sor-
ten vertragen Halbschatten; voll-
schattige Lagen sind für Rosen im
Allgemeinen ebenso ungeeignet
wie reine Südlagen und windstille
Plätze; die meisten bei uns im Handel angebotenen Rosen sind relativ
frosthart, können aber – mit Ausnahme der meisten Wildrosen – in
kalten Wintern durchaus stark zurückfrieren.
Verwendung: Grundsätzlich für
kleine Gärten besonders gut geeignet; Einsatz je nach Art/Sorte;
Strauchrosen und höhere Beetrosen
als einzelstehende Blütengehölze
oder zusammen mit Stauden; Kletterrosen je nach Höhe an Wänden,
Pergolen, Lauben, Bögen oder in
lichtkronigen Gehölzen; niedrige
Rosen für Flächenpflanzungen mit

Stauden, Strauchrosen und größeren Gehölzen.
Pflege und Schnitt: Winterschutz
durch Anhäufeln mit Erde (ab November) ist außer bei Wildrosen
grundsätzlich ratsam; für veredelte
Sorten muss der Wurzelbereich
durch Hacken locker gehalten werden; Rückschnitt unmittelbar nach
der Blüte fördert die Nachblüte.
Der Jahreszeiten-Tipp: Rosen harmonieren allgemein immer sehr
schön mit (bevorzugt blau- und
weiß blühenden) Stauden und mit
Clematis; die Schönheit der Pflanze
und die große Spannbreite der
Blütezeiten – von Frühblühern im
Mai bis zu Dauerblühern im Spätherbst – macht die Rose unentbehr-
lich für den kleinen Ganzjahresgarten; viele Rosen entwickeln sehr
dekorative Hagebuttenfrüchte, die
teils bis weit in den Winter hinein
an der Pflanze verbleiben.
Besonderheiten: Rosen spielten
schon in den Gärten der Römer eine
wichtige Rolle; durch die europäi-
schen Klostergärten, wo sie auch als
Nutz- und Apothekerpflanzen dien-

ten, wurden die alten Sorten erhalten; insbesondere seit dem
19. Jahrhundert entstanden un-
zählige neue Züchtungen, die die
Fortentwicklung der Blüten, der
Wuchsformen, des Dufts, der Krank-
heitsresistenz u. a. m. zum Ziel hat-
ten; in jüngster Zeit werden die
natürlich wirkenden Strauchrosen,
insbesondere die so genannten
'Englischen Rosen', immer beliebter;
Letztere verbinden wunderschöne,
oft gefüllte, große Blüten mit häu-
figerer Blüte oder längerer Blütezeit, meist intensivem Duft, Widerstandsfähigkeit gegen Krankheiten
und meist zurückhaltendem
Wuchs, der sie auch für kleine
Gärten geeignet macht; die unten
stehenden Empfehlungen stellen
nur einen sehr kleinen Ausschnitt
der schönsten Rosen dar – gleichsam ein Anstoß, um sich selbst auf
die Suche nach der eigenen Lieblingsrose zu machen!
Empfehlenswerte Sorten:
**a) Öfter- und dauerblühende
Strauchrosen**
'Blossomtime' (ca. 2 m hoch, fast
genauso breit, Blüten rosa bis silbrig-rosa, groß, ca. 10 cm im Durchmesser, intensiver Duft, daher gut
für Sitzplätze und Duftgärten geeignet); 'Centenaire de Lourdes' (bis
ca. 1,5 m, aber ebenso breit, Blüten
rosa/hellrosa, mittelgroß, ca. 7 bis
8 cm); 'Cymbaline' ('englische Rose',
bis ca. 1,2 m hoch, bogig überhängende Triebe, Blüten sehr schön
schattiertes rosa, gefüllt, schalen-
förmig, intensiver Duft, robust);
'Elmshorn' (bis über 2 m hoch,
Blüten rosa bis karminrot, klein,
ca. 5 cm, spät aufblühend, aber zuverlässiger Dauerblüher bis in den
Winter); 'Heritage' ('englische Rose',
bis ca. 1,2 m hoch, buschig, Blüten
rosa, klein bis mittelgroß, reich- und
dauerblühend, zarte Belaubung,
sehr gesund); 'Lavender Lassie' (bis
ca. 2 m, Blüten rosa mit landelfarbe-

nem Hauch, dicht gefüllt, intensiver Duft); 'Scheewittchen' (bis ca. 1,5 m hoch, Blüten wunderbar weiß, mittelgroß, ca. 7 bis 8 cm, bis zum Winter dauerblühend, leichter Duft, verträgt Schatten sehr schlecht); 'Shalom' (bis ca. 2 m hoch, Blüten groß, ca. 8 bis 9 cm, intensiv scharlachrot); 'St. Cecilia' ('englische Rose', bis ca. 1,5 m hoch, breitbuschig, Blüten cremegelb, rosa überhaucht, gut gefüllt, intensiver Duft, gesundes Laub).

b) Einmalblühende Strauchrosen, Wildrosen

Rosa alba 'Suaveolens', Ölrose (bis ca. 2 m hoch, kräftiger Wuchs, Blüten weiß, gefüllt, mittelgroß, ca. 7 cm, intensiver Duft, längliche Hagebutten); *R. canina*, Hundsrose (sehr stark wachsend, bis 3 m hoch und teils noch breiter, Blüten zart rosa, klein, ca. 4 cm, hellrote Hagebutten); *R. canina* 'Kiese' (bis ca. 3 m hoch, Blüten karminrot mit weißer Mitte, klein bis mittelgroß, ca. 5 bis 6 cm*); R. centifolia* 'Muscosa', Moosrose (recht schwacher Wuchs, bis ca.

1,5 m hoch, Blüten intensiv rosa, mittelgroß, ca. 8 cm, dicht gefüllt, mit malerisch borstigen Knospen/Kelchblättern und Blütenstielen, insbesondere für Bauerngärten, intensiver Duft); 'Persian Yellow' (im 19. Jahrhundert aus Persien eingeführt, Urahn vieler gelber Rosen, bis ca. 2 m hoch, Blüten goldgelb, gefüllt, zahlreich, mittelgroß, ca. 6 cm, wegen etwas unangenehmem Geruch nicht zu nah an Sitzplätzen); *R. hugonis*, Chinesische Goldrose (starker Wuchs, bis ca. 2,5 m hoch, Blüten hellgelb, sehr früh, ab Mai, klein, ca. 3 bis 4 cm, zahlreich, Hagebutten bräunlich rot); *R. moyesii* (starker Wuchs, aufrecht, sparrig, bis ca. 3 m hoch, zumindest ebenso breit, Blüten intensiv purpurrot, klein, ca. 4 cm, Hagebutten flaschenförmig, hellrot); *R. multiflora* (starkwüchsig, bis ca. 2,5 m hoch, Blüten weiß, sehr klein, ca. 2 cm, aber zahlreich, in großen Blütenständen, stark überhängende hellgrüne Triebe); *R. rubiginosa*, Apfelrose, Weinrose, Schottische

'Rosa hugonis'

V–IX/X   4 m

Zaunrose (starker Wuchs, bis ca. 2,5 m hoch, Blüten rosa, klein, ca. 4 cm, Hagebutten scharlachrot, bis in den Winter an der Pflanze verbleibend); *R. rugosa*, Kartoffelrose (kräftiger Wuchs, aber auch schwächer wachsende Sorten; bis ca. 1,5 m hoch, Blüten karminrot, mittelgroß, ca. 7 cm, glänzend tiefgrünes Blatt, treibt Wurzelausläufer; Sorte 'Alba' mit weißen Blüten).

c) Kletter- und Ramblerrosen

'Constance Spry' (kräftig wachsende Kletter-und Strauchrose, bis ca. 3 m hoch, einmalblühend, aber unvergleichlich schön, Blüten klar rosa, groß, päonienartig, mit intensivem Duft, sehr gesund); 'Flammentanz' (sehr starker Wuchs, bis ca. 4 m hoch, Blüten blutrot, mittelgroß, ca. 7 cm, zahlreich, einmalblühend, sehr frosthart); 'Ilse Krohn Superior' (mittelstark wachsend, bis ca. 3 m hoch, Blüten weiß, dicht gefüllt, öfterblühend, intensiver Duft, etwas empfindlich gegen Bodenvernässung); 'New Dawn' (wundervolle Rose, sehr stark wachsend, bis ca. 4 m hoch, Blüten silbrig-rosa, gefüllt, mittelgroß, ca. 7 cm, dauerblühend bis in den Winter, intensiver Duft, bildet Hagebutten); 'Paul's

V–IX/X   4 m

'Raubritter'

Scarlet Climber' (stark wachsend, bis ca. 3,5 m hoch, Blüten blutrot, halbgefüllt, zahlreich, einmalblühend, teils nachblühend); 'Rosarium Uetersen' (mittelstark wachsend, bis ca. 3 m hoch, Blüten intensiv rosa, dann hellrosa, mittelgroß, ca. 7 cm, dauerblühend, leichter Duft, sehr robust); 'Sympathie' (starker Wuchs, bis ca. 3 m hoch, Blüten scharlachrot, gefüllt, groß, ca. 10 cm, leichter Duft).

d) Öfterblühende Beetrosen, niedrige und bodendeckende Rosen

'Betty Prior' (kräftiger Wuchs, bis ca. 1,5 m hoch, Blüten karminrot bis hellrosa, ca. 5 cm, dauerblühend bis weit in den Herbst (November), robust); 'Cardinal Hume' ('englische Rose', mittlerer Wuchs, buschig, bis ca. 90 cm hoch, Blüten dunkelpurpurrot, halbgefüllt, mittelgroß, leichter Duft); 'The Fairy' (mittlerer Wuchs, bis ca. 80 cm hoch, längere Triebe bogig, Blüten rosa, klein,

zahlreich in Büscheln, hervorragende, reich- und dauerblühende Rose zur flächigen Pflanzung, mit Stauden – z. B. Lavendel, Katzenminze etc.); 'Märchenland' (starker Wuchs, bis ca. 1,5 m hoch, Blüten lachsrosa-rosa, leicht gefüllt, groß, ca. 8 bis 9 cm, nahezu dauerblühend, strauchrosenähnlich); 'Margaret Merill' (schwacher Wuchs, bis ca. 0,5 m hoch, Blüten weiß, gelbrosa überhaucht, groß, ca. 9 cm, halbgefüllt, sehr intensiver Duft); 'Montana' (kräftiger Wuchs, bis ca. 1 m hoch, Blüten intensiv rot); 'Swany' (langtriebige, wüchsige Bodendeckerrose, bis ca. 0,5 m hoch, Blüten weiß, klein bis mittelgroß, ca. 5 cm, sehr reich blühend, Dauerblüher); 'Queen Elizabeth' (sehr kräftiger Wuchs, bis ca. 1 m hoch, straff aufrecht wachsend, Blüten rosa, leicht gefüllt, groß, ca. 9 cm, wertvoller Dauerblüher bis weit in den Herbst).

V–IX/X   4 m

Albertine

Kletterpflanzen

Aristolochia macrophylla

Pfeifenblume

Verbreitungsgebiet/Vorkommen: Vereinigte Staaten, Ostteil.

Wuchs, Zweige und Rinde: Kletterpflanze, starkwüchsig, Trieblänge/Höhe bis ca. 10 m; grüne Triebe und Zweige, unter dichtem Laub kaum zu sehen.

Blüte und Frucht: Blüten im Juni, allerdings klein und unauffällig, unter dem Laub.

Blatt: Sommergrün; Farbe dunkelgrün, sehr groß (bis ca. 30 cm), stumpf-eiförmig.

Klima, Boden und Standort: Volle Sonne bis Schatten; frosthart; gut mit Nährstoffen versorgte, feuchte, am besten auch lehmige Böden; robust.

Verwendung: Sehr gut als 'grüne Wand', etwa als natürlicher Sonnenschutz an großen Glasbauteilen wie Wintergärten (aber Vorsicht bei außenliegenden Markisen o. Ä.!), über Lauben und Pergolen, auch in Wassernähe, an und in Großbäumen; die Pfeifenwinde braucht wegen ihrer Starkwüchsigkeit viel Platz zur Entfaltung.

Pflege und Schnitt: Boden feucht halten; Schnitt möglich und zur Begrenzung des Wachstums oft unvermeidlich.

Der Jahreszeiten-Tipp: Als eine der besten und attraktivsten Blattpflanzen des Gartens ist die Pfeifenwinde sehr gut mit Pflanzen wie der Strauchrosskastanie, dem Frauenmantel (Alchemilla mollis) und der großblättrigen Gunnera macrophylla, aber auch vielen Feuchtigkeits liebenden Gräsern und Seggen zu kombinieren. Ihr dunkles Grün liefert zudem den idealen Mittelgrund für Blütenbeete und -rabatten.

Kleinblumige Clematis und Wildformen

Verbreitungsgebiet/Vorkommen: Je nach Art Mitteleuropa, Südeuropa oder Asien; zahlreiche Zuchtformen.

Wuchs, Zweige und Rinde: Kletterpflanze, je nach Art/Sorte ca. 2 bis 10 m hoch; Zweige grau-braun, faserig.

Blüte und Frucht: Blütenzeit und Blütenfarbe je nach Art/Sorte (siehe unten), ab April, klein bis mittelgroß; oft mit reizvollen Samenständen.

Blatt: Sommergrün; Farbe meist grün, gefiedert.

Klima, Boden und Standort: Sonne bis Halbschatten; meist frosthart; bezüglich des Bodens wenig anspruchsvoll.

Verwendung: Je nach Wuchsstärke zur Begrünung von Zäunen, Wänden, Klettergerüsten, Pergolen und Bäumen.

Pflege und Schnitt: Zur Beschattung des Fußes sollten um alle Clematis am besten Pflanzen mit dichtem Blattwerk gepflanzt werden (z. B. Hosta oder Brunnera macrophylla); ein regelmäßiger Schnitt ist bei Clematis-Wildformen nicht notwendig, wird aber gut vertragen.

Der Jahreszeiten-Tipp: Vor allem die später im Jahr blühenden Arten und Sorten eignen sich gut zur Vergesellschaftung mit Rosen, *C. alpina* und *C. tangutica* besonders zusammen mit der frühblühenden *Rosa hugonis*; die meist sehr hübschen, silbrig glänzenden Samenstände bilden einen dauerhaften Schmuck bis zum Herbst.

Besonderheiten: Pflanze braucht Kletterhilfe, da nicht selbstklimmend.

Empfehlenswerte Arten und Sorten: *Clematis alpina*, Alpen-Waldrebe (Blüten im April, blaue-blau-violette Glocken, ca. 2 bis 3 m hoch, bevorzugt windgeschützten Standort); *C. flammula* (Blüten August-Oktober, weiß, klein, überreich blühend, intensiver Duft, bis über 5 m hoch, fühlt sich auch auf schattigen Nordseiten wohl); *C. montana*, Berg-Clematis (ca. 8 m hoch, Blüten im Mai, weiß, in kalten Wintern Frostschäden möglich, braucht warmen, geschützten Standort); *C. montana* 'Rubens' (Blüten im Mai bis Juni, später als *C. montana*, rosa, ca. 5 bis 7 cm im Durchmesser, frosthart (siehe Abbildung); sehr gut zu kombinieren mit *Kolkwitzia amabilis*, mit der zusammen sie ein Meer rosafarbener Blütenkaskaden entfaltet); *C. montana* 'Superba' (Blüten im Mai bis Juni, weiß, sehr groß, bessere Winterhärte als *C. montana*); *C. tangutica* (Blüten Juni/August/September, gelb, klein, bis über 5 m hoch, braucht volle Sonne); *C. vitalba*, Gewöhnliche Waldrebe (Blüten ab Juni, weiß, allerdings nach der Pflanzung oft einige Jahre 'Anlaufzeit' bis zur ersten Blühsaison, bis über 10 m hoch, Blatt lange an der Pflanze verbleibend); *C. viticella* (Blüten Juli bis September, hell violett-purpur, klein, 6 bis 9 m hoch, sehr schnell wachsend, zahlreiche Sorten).

Pfeifenblume

VI
10 m

Besonderheiten: Ggf. Bodenverbesserung vor der Pflanzung; Pflanze braucht eine Kletterhilfe (Rankgerüst, Pergola), da nicht selbstklimmend.

IV–X
2–10 m
Clematis

Clematis

V–X   2–4 m

Großblumige *Clematis*-Hybriden

Verbreitungsgebiet/Vorkommen: Nur Veredlungsformen (Gruppen: C. florida, C. lanuginosa, C. patens, C. viticella und C. x Jackmanii).
Wuchs, Zweige und Rinde: Meist schwach wachsende Kletterpflanze, je nach Sorte unterschiedlich hoch, aber nur selten über 4 m Höhe; Triebe grau bis braun; junge Triebe sind empfindlich, knicken leicht ab; faserige Rinde.
Blüte und Frucht: Blütezeit je nach Sorte, Frühjahr bis Herbst, verschiedenste Farben und Zeichnungen.
Blatt: Sommergrün; Farbe mittleres Grün, meist zu dreien angeordnet (dreizählig), Blättchen eiförmig zugespitzt.
Klima, Boden und Standort: Bevorzugen in der Regel nicht zu sonnige Standorte; Frosthärte je nach Sorte; am liebsten alkalische Böden mit ausreichender Bodenfeuchte.
Verwendung: An Mauern, Bogengängen, Pergolen und in Sträuchern.
Pflege und Schnitt: Clematis-Hybriden kommen in der Regel nicht ohne Pflege aus; sich selbst überlassen, verschwinden sie oft nach kurzer Zeit; in längeren Trockenperioden muss der Boden um die Clematis feucht gehalten werden; großblumige Hybriden sollten jedes Jahr im Spätwinter/zeitigen Frühjahr stark zurückgeschnitten werden (je nach Sorte, auf ca. 50 cm Trieblänge), damit der Wuchs und die Blütenbildung gefördert werden; zudem kann dadurch das Auftreten von Clematiswelke eingedämmt werden; tritt diese auf, die befallenen Blätter und Triebe am besten sofort entfernen und in der Hausmülltonne entsorgen, nicht auf den Kompost geben; durch das Wegschneiden verwelkter Blüten kann die zweite Blüte gefördert werden.
Der Jahreszeiten-Tipp: Clematis sind hervorragende Partner für Rosen, insbesondere für Strauch- und Kletterrosen; durch die bei beiden Gattungen sehr zahlreichen Sorten sind reiche Kombinationsmöglichkeiten gegeben; aufgrund der geringen Wüchsigkeit können die meisten Clematis-Hybriden auch direkt durch die Zweige von Rosensträuchern klettern; viele Sorten bilden zudem dekorative Samenstände aus.
Besonderheiten: Die Veredlungsstelle am Wurzelhals muss bei allen großblumigen Hybriden eine Handbreit in den Boden gepflanzt werden; am sichersten auf die West- oder Ostseite pflanzen; zur Beschattung des Fußes sollten um alle Clematis am besten Pflanzen mit dichtem Blattwerk gepflanzt werden (z. B. Hosta oder Brunnera macrophylla); Pflanze braucht Kletterhilfe, da nicht selbstklimmend.
Empfehlenswerte Sorten: 'Duchess of Edinburgh' (Blüten Mai bis Juni und August bis September, weiß, Durchmesser 10 bis 13 cm; Wuchshöhe bis ca. 3,5 m); 'Ernest Markham' (Blüten Juli bis September/Oktober, mittelgroß, purpurrot, beim Verblühen blauroter Schimmer, Durchmesser; Wuchshöhe ca. 3,5 m); 'Jackmanii' (Blüten Juli bis September, purpurblau, Durchmesser 10 bis 15 cm; bis ca. 4 m Höhe); 'Lasurstern' (Blüten Juli bis September, tiefes Lavendelblau, Durchmesser variierend; Wuchshöhe bis ca. 3 m); 'Mme Le Coultre' (Blüten Juni/August bis September, reinweiß, Durchmesser 14 bis 17 cm; Wuchshöhe 3 bis 4 m); 'Perle d'Azur' (Blüten Juli bis September, himmelblau, Durchmesser ca. 10 bis 14 cm, Wuchshöhe 3 bis 4,5 m); 'The President' (Blüten Juni bis Oktober, dunkel violett, Durchmesser 14 bis 18 cm; Wuchshöhe ca. 3 m); 'Rouge Cardinal' (Blüten Juni bis September, faszinierend magentarot, Durchmesser über 10 cm, Wuchshöhe 2,5 bis 3 m); 'Twilight' (Blüten Juni bis Oktober, faszinierend blau-violett-rosa, Durchmesser ca. 15 bis 20 cm, Wuchshöhe 2,5 bis 3,5 m); 'Ville de Lyon' (Blüten Juni bis Oktober, dunkel karminrot mit silberweißer Zeichnung, Durchmesser ca. 6 bis 11 cm; Wuchshöhe 3 bis 5 m).

Hedera helix

Efeu

Verbreitungsgebiet/Vorkommen:
Weite Teile Europas, Westasien.
Wuchs: Kletternd oder am Boden kriechend, bis über 20 m hoch, aber langsam wachsend; junge Triebe besitzen schuppenartige Sternhaare und Haftwurzeln.
Blüte und Frucht: Pflanze blüht erst nach ca. 7 bis 9 Jahren, im August bis Oktober, gelblich-weiße Doldenblüten, unauffällig; schwarze Beerenfrüchte ab dem folgenden Februar/März.
Blatt: Immergrün; dunkelgrün mit weißen Adern; Form in etwa herzförmig, variierend.
Klima, Boden und Standort: Sonne bis Schatten; frosthart; bevorzugt kühle, kalkhaltige Böden; robust.

VIII–X
20 m

Efeu

Verwendung: Als Bodendecker in schattigen Bereichen, als Kletterpflanze in großen Bäumen und an Mauern; wegen des sehr langsamen Wuchses und der guten Schnittverträglichkeit wird die Starkwüchsigkeit des Efeus zumindest bei der Art selbst nicht zum Problem.
Pflege und Schnitt: Als Wildpflanze sehr pflegeleicht; verträgt Schnitt sehr gut (etwa für Efeu-Kränze und zum Anwurzeln für die Vermehrung); da nur die jungen Triebe Luftwurzeln aufweisen, muss ggf. durch Rückschnitt für die Erhaltung der Kletterfähigkeit gesorgt werden.
Der Jahreszeiten-Tipp: Als eine der wenigen, zuverlässig winterharten Immergrünen ist der Efeu besonders wichtig; sowohl in naturnahen als auch in streng durchgeplanten Bereichen einzusetzen; weiße Blütenpflanzen harmonieren mit einem 'Efeu-Hintergrund' besonders gut.
Besonderheiten: Pflanze ist selbstklimmend, klettert mittels Haftwurzeln; nur an sehr glatten Wänden manchmal Kletterhilfe erforderlich; Hedera helix bildet als Kletterpflanze nach ca. 5 bis 10 Jahren eine Altersform aus; Efeubeeren werden von Vögeln gefressen; Efeu wird als Liebhaberpflanze in zahlreichen Arten und Sorten angeboten.
Hinweise zum Umgang: Pflanze ist giftig, deshalb Vorsicht mit Kindern.
Empfehlenswerte Sorten: 'Arborescens', Altersform von *Hedera helix* mit fleischigen, anders geformten Blättern und fleischigen Trieben; 'Hibernica', Irischer Efeu, ähnlich *Hedera helix*, aber schneller und stärker wachsend, fast weiße Blattadern; 'Glacier', mit weißer Blattzeichnung; 'Goldherz' oder 'Goldheart', mit gold-gelber Blattmitte, schnell wachsend; 'Tricolor', mit graugrün-gelblichem und rosafarbenem Blatt, sehr interessant, langsam und schwach wachsend, für kleinere Flächen.

Kletterhortensie

VI–VII   8 m

Hydrangea petiolaris

Kletterhortensie

Verbreitungsgebiet/Vorkommen:
Ostasien/Japan, Formosa, Südostasien/Korea.
Wuchs, Triebe und Rinde: Kletterstrauch, bis ca. 8 m hoch, recht langsam wachsend; Triebe rotbraun; Borke älterer Zweige löst sich ab.
Blüte und Frucht: Blüten im Juni bis Juli, gelblich weiß, außen teils gerötet; in flachen Doldentrauben; Früchte unauffällig.
Blatt: Sommergrün; Farbe intensiv grün, im Herbst zu Gelb verfärbend; herzförmig, zugespitzt, langstielig.
Klima, Boden und Standort: Halbschatten; frosthart; bevorzugt feuchte Böden, stellt ansonsten

aber keine besonderen Ansprüche an den Boden; sehr widerstandsfähig.

Verwendung: Zur Begrünung von Mauern, an Pergolen, an größeren Bäumen und Gehölzen.

Pflege und Schnitt: Die Pflanze ist allgemein kaum pflegebedürftig; da die Kletterhortensie an den im Vorjahr gebildeten Kurztrieben blüht, dürfen diese nicht abgeschnitten werden; ein Rückschnitt nach der Blüte ist hingegen empfehlenswert.

Der Jahreszeiten-Tipp: Neben ihrer wunderschönen Blüten bietet die Kletterhortensie auch ein schönes und dichtes Laub, das sich zudem im Herbst goldgelb verfärbt; die Kletterhortensie 'eröffnet' im Garten die Blühsaison der Hortensien; als Partner zur Blütezeit sind besonders Rosen und Clematis zu empfehlen.

Besonderheiten: Die Kletterhortensie ist selbstklimmend, das heißt, sie klettert mit Hilfe von Haftwurzeln an Baumstämmen und Mauern hinauf; nur auf sehr glatten Oberflächen (z. B. Metalle, glatter Putz) braucht sie manchmal eine Unterstützung durch Spanndrähte o. Ä.; wegen ihrer guten Schattenverträglichkeit kann sie auch in Nordlagen eingesetzt werden; die Pflanze bietet Vögeln Futter, Nist- und Rückzugsmöglichkeit.

Jasminum nudiflorum

Winterjasmin

Verbreitungsgebiet/Vorkommen: Nördliches China.

Wuchs, Triebe und Rinde: Kletter- oder Hängepflanze, bis ca. 3 m hoch; mit grünen, später etwas verbräunenden, kantigen Trieben.

Blüte und Frucht: Blüten Dezember bis April, intensiv gelb, achselständig, am vorjährigen Holz.

Blatt: Immergrün; Farbe tiefgrün; eilänglich, klein (1 bis 3 cm).

Klima, Boden und Standort: Sonne bis Schatten; frosthart; akzeptiert fast alle Böden, bevorzugt warme, geschützte Plätze (aber nicht Bedingung)

Verwendung: An kleinen Klettergerüsten, wegen überhängenden Trieben besonders in Terrassenanlagen und in Gefäßen, wertvoll durch Blüten, Wuchs und Habitus; zur vollständigen Begrünung von Flächen weniger geeignet.

Pflege und Schnitt: Da die Pflanze am vorjährigen Holz blüht, sollte sie regelmäßig (am besten unmittelbar nach der Blüte) stark zurückgeschnitten werden; dies fördert gleichzeitig die Bildung frischer, grüner Triebe.

Der Jahreszeiten-Tipp: Einer der dankbarsten und wertvollsten Winterdauerblüher, der zusätzlich noch klettert; die blühenden Zweige lassen sich gut ins Haus holen: Zweige mit Blütenknospen blühen in der Vase schnell auf und liefern so wertvollen Winterschmuck; ein guter Blütenpartner im kleinen Garten ist etwa die ebenfalls gelb blühende Zaubernuss.

Winterjasmin

Lonicera

Geißblatt

Verbreitungsgebiet/Vorkommen: Je nach Art Europa bis Asien, Ostasien und Zuchtformen.

Wuchs, Triebe und Rinde: Kletterpflanze, je nach Art/Sorte ca. 3 bis 6 m hoch, schlingend.

Blüte und Frucht: Je nach Art, Frühjahr bis Herbst, weiß, gelb, orange oder rot in verschiedenen Mischungen, langröhrig, zu mehreren stehend; Früchte rot oder schwärzlichviolett.

Blatt: Meist sommergrün; elliptisch bis eiförmig-länglich, auch lang-lanzettlich.

Klima, Boden und Standort: Sonne bis Halbschatten; frosthart; Geißblätter gedeihen am besten auf feuchten Böden, stellen ansonsten keine besonderen Ansprüche; aber nicht an heißen Südwänden mit austrocknenden Böden pflanzen, da dies die Anfälligkeit für Lausbefall deutlich erhöht!

Verwendung: Wegen in der Regel noch kontrollierbarer Wuchsstärke vielfältig einzusetzen; an Wänden, Ein- und Durchgängen, über Lauben und Pergolen, in größeren Gehölzen (wegen der Möglichkeit des Abrückens nur an Stämmen und dicken Ästen).

Pflege und Schnitt: In längeren Trockenperioden sollte gegossen werden; alle 3 bis 4 Jahre, nötigenfalls auch öfters, empfiehlt sich ein starker Rückschnitt (auf ca. 50 cm Trieblänge), da die Pflanzen zur Verkahlung der unteren Partien neigen; durch den Schnitt wird das Blattkleid wieder dicht und die Blütenbildung gefördert.

Der Jahreszeiten-Tipp: Die reiche, oft sehr lang dauernde Blüte und die interessanten Blütenformen dieser Kletterpflanzen rechtfertigen in jedem Fall schon ihre Pflanzung; aber auch der reiche Fruchtbehang

Geißblatt

3–6 m

im Sommer und Herbst ist sehr attraktiv; Lonicera henryi besitzt zudem noch immergrünes Blattwerk.

Besonderheiten: Geißblätter werden gern von (meist in der Nacht fliegenden) Schmetterlingsschwärmern aufgesucht, die den Grund der langen Röhrenblüten erreichen können.

Hinweise zum Umgang: Geißblätter sind giftig, deshalb Vorsicht mit Kindern!

Empfehlenswerte Arten/Sorten: *Lonicera caprifolium*, Jelängerjelieber, in Europa heimisch, bis ca. 4 m hoch, Blüten Mai/Juni, gelb-weiß, besonders gut in Halbschatten und Schatten; *L. x brownii* 'Dropmore Scarlet', ca. 3 bis 4 m hoch, Blüten ab Juni bis in den Herbst, rot, bevorzugt volle Sonne; *L. x heckrottii*, ca. 3 bis 4 m hoch, Blüten vom Juni bis in den Herbst, gelb mit rot, bevorzugt volle Sonne; *L. henryi*, aus China, ca. 3 bis 4 m hoch, Blüten Juni bis August, gelb-rot, Blattwerk immergrün, gut für Sonne bis Schatten, braucht einen geschützten Standort; *L. x tellmanniana*, starkwüchsig, bis ca. 6 m hoch, Blüten Mai bis Juli, orange-gelb, Sonne bis Schatten.

Parthenocissus

Wilder Wein

Verbreitungsgebiet/Vorkommen: Osten der Vereinigten Staaten/Japan.

Wuchs, Triebe und Rinde: Kletterpflanze, bis über 15 m hoch, stark und schnell wachsend.

Blüte und Frucht: Blüten unauffällig; Früchte blau, klein, beerenartig, im Spätsommer.

Blatt: Sommergrün; Farbe grün; bei Parthenocissus quinquefolia und Sorten im Herbst karminrot, 5-zählig, Blättchen eiförmig-elliptisch, gesägt; bei P. tricuspidata und Sorten im Herbst gelb-orange bis tiefrot, herzförmig, dreifach gelappt, gesägt.

Klima, Boden und Standort: Sonne bis Schatten; frosthart; Wilder Wein stellt kaum Ansprüche an den Boden; sehr robust.

Verwendung: Zur Begrünung großer Flächen, auch großer Bäume, über großen Pergolen etc.

Pflege und Schnitt: Pflege ist kaum vonnöten; Schnitt wird oft durch das starke Wachstum notwendig, aber hervorragend vertragen.

15 m

Der Jahreszeiten-Tipp: Wilder Wein ist bekannt und beliebt als zuverlässiger, dichter Begrüner großer Flächen; vor allem die selbstklimmenden Sorten sind bei fachgerechter Pflanzung in kurzer Zeit flächendeckend.

Besonderheiten: Wilder Wein rankt entweder an einer Kletterhilfe oder klimmt selbst mittels Haftscheiben; deshalb je nach angestrebter Verwendung passende Sorte auswählen; bei der Pflanzung sollte der Wurzelballen – wie bei allen Klettergehölzen – in ausreichendem Abstand (mindestens 50 cm) von einer Wand eingepflanzt werden, damit er nicht austrocknet und die Wurzeln genügend Platz zum Ausbreiten haben; Pflanze lockt viele Bienen und Wespen an.

Empfehlenswerte Arten/Sorten:
Parthenocissus quinquefolia, aus Nordamerika, rankend, ohne Haftscheiben; *P. quinquefolia* 'Engelmanni', mittels Haftscheiben selbstklimmend; *P. tricuspidata* 'Vetchii', wohl aus Japan, besonders stark wachsend, mittels Haftscheiben selbstklimmend.

Rubus fruticosus

Gemeine Brombeere

Verbreitungsgebiet/Vorkommen:
Weite Teile Europas und Asiens; auf Brachflächen, in lichten Wäldern, Gebüschen, Hecken etc.;
es existieren extrem viele Formen, Arten, Sorten etc., die kaum voneinander abzugrenzen sind.

Wuchs, Triebe und Rinde: Strauchartige Kletterpflanze (auch kriechend), frei wachsend bis ca. 1 m hoch, 3 bis 4 m lange Triebe mit kurzen Stacheln (jedoch auch unbestachelte Zuchtformen), sonnenseits violettrot; Zweige bilden bei Bodenkontakt Wurzeln.

Blüte und Frucht: Blüten im Juni bis August, meist weiß-rosa, auch mit

VI–VIII   3–4 m

karmin und purpur, in Doldentrauben; Brombeeren ab August, dunkel violett-schwarz.

Blatt: Insgesamt sehr unterschiedliche Blätter; sommergrün, teils auch wintergrün; Farbe grün-dunkelgrün, filzig, teils intensive, teils kaum Herbstfärbung; gefiedert, meist 5 bis 7-zählig, wechselständig.

Klima, Boden und Standort: Sonne bis Halbschatten; nicht völlig frosthart; stellt keine großen Ansprüche an den Boden, falls nicht sehr sauer; bevorzugt feuchte, nicht zu nährstoffreiche Substrate und luftfeuchte Standorte; salzempfindlich.

Verwendung: Insbesondere für kleine Klettergerüste und halbhohe Zäune (z. B. an Bauerngärten); vor allem in naturnahen Gärten.

Pflege und Schnitt: Da die Blüten meist an den Triebenden des vorjährigen Holzes ansetzen, dürfen diese nicht abgeschnitten werden; abgeblühte Triebe im folgenden Winter herausnehmen.

Der Jahreszeiten-Tipp: Brombeeren eignen sich sowohl als Nutz- wie auch als reizvolle Zierpflanzen, die malerischen Wuchs mit schönem Blattwerk sowie reichem Blüten- und Fruchtschmuck verbinden.

Besonderheiten: Die Brombeere ist im engeren Sinn kein echter Strauch, da die Zweige im zweiten Jahr, also nach der Blüte, absterben; Brombeerblüten werden gern von Bienen aufgesucht; die Samen der Früchte werden durch Vögel und andere Tiere verbreitet.

Hinweise zum Umgang: Wegen der Stacheln nicht zu nah an Sandkästen, Spielplätze etc. pflanzen.

Empfehlenswerte Sorte: 'Thornfree', stachellose Form, große Früchte, hoher Ertrag, Reife August bis Oktober, dankbar für geschützten Standort.

Vitis vinifera
Echter Wein

Verbreitungsgebiet/Vorkommen: Zuchtformen (Vitis vinifera ssp. vinifera) mit Tafel-/Weintrauben; Wildform *Vitis vinifera* ssp. *sylvestris*, unter anderem in lichten Auwäldern der Rheingegend.

Wuchs, Triebe und Rinde: Kletterpflanze, Wildform wie auch Kultursorten bis ca. 10 m hoch, je nach Standort und Pflege teils auch bedeutend mehr, mit Ranken kletternd; hell- bis dunkelbraune Rinde, die sich in bastartigen Streifen ablöst.

Blüte und Frucht: Blüten im Juni, gelblich grün, Rispen mit leichtem Duft; Früchte blau-violette oder grüne Beeren, ab Oktober.

Blatt: Sommergrün; Farbe grün, im Herbst zu gelb und rot verfärbend; rundlicher Umriss, 3- bis 5-lappig.

Klima, Boden und Standort: Volle Sonne, Wildformen teils auch Halbschatten; frosthart bis ca. -20°C; stellt keine besonderen Ansprüche an den Boden, falls weder vernässt noch länger austrocknend (sonst weniger widerstandsfähig gegen Kälte, Hitze und Krankheiten/Schädlinge); Kulturformen sind aber grundsätzlich recht widerstandsfähig gegen Trockenheit; am besten ist ein geschützter, warmer Platz am Haus, bevorzugt auf der Südseite (auch Südost bzw. Südwest); ansonsten relativ robust.

Verwendung: Am besten als malerische Fassadenbegrünung, über Hauseingängen und Sitzplätzen.

Pflege und Schnitt: Zum Schnitt werden jedes Jahr etwa 80% des vorhandenen einjährigen Holzes entfernt, das heißt, das Fruchtholz wird auf zwei bis vier Augen eingekürzt ('auf Zapfen geschnitten'); nur bei Sorten, die vor allem am langen Holz tragen, sollten mehr Augen am Trieb verbleiben; so genannte Was-

Echter Wein

serschosse (nicht Frucht tragende Langtriebe) sollten entfernt werden, um die Fruchtbildung nicht zu beeinträchtigen. Wenn der Ertrag nicht im Vordergrund steht oder nicht viel Zeit zur Verfügung steht, kann der Schnitt auch einmal ausfallen.

Der Jahreszeiten-Tipp: Echter Wein ist mit seinem attraktiven Laub und den Früchten eine sehr wertvolle Pflanze, um dem Garten über die gesamte 'Freiluftsaison' hinweg Stimmung und Struktur zu verleihen; das herrlich verfärbende Herbstlaub wirkt mit den reifen Trauben hervorragend zusammen.

Besonderheiten: Pflanze ist selbstfertil, braucht also keinen Partner zur Befruchtung; das Erdreich muss für die Pflanzung einer Weinrebe tiefgründig sein, um den weit hinabreichenden Wurzeln genügend Platz zur Entfaltung bieten zu können; bei der Pflanzung ist – wie bei allen Kletterpflanzen – darauf zu achten, dass das Wurzelwerk schräg von der Hauswand weg und mit ausreichendem Abstand (Dachüberstand bedenken!) eingepflanzt wird, um das Austrocknen der Pflanze zu verhindern; die Triebe benötigen aber immer eine Unterstützung, damit sich ihre Ranken festhalten können; wird die Rebe an einem Holzlattengerüst gezogen, so muss dieses einen ausreichenden Abstand von der Wand haben (etwa 15 cm); bei der Auswahl der Sorte auf vorgesehene Verwendung und Geschmack der Trauben achten.

Empfehlenswerte weitere Art: *Vitis coignetiae* aus Japan/Korea, bis über 10 m hoch, Blätter bis 30 cm breit, mit wundervoller gelb-orangefarbener bis karmin-scharlachroter Herbstfärbung und lange an der Pflanze haftendem Laub.

Wisteria sinensis

Wisterie, Glycine, Blauregen

Verbreitungsgebiet/Vorkommen: China.

Wuchs, Triebe und Rinde: Sehr starkwüchsige Kletterpflanze, bis ca. 10 m hoch, windet sich mit den Trieben an starken Pfosten, Gerüsten etc. empor; Triebe grausilbrig.

Blüte und Frucht: Blüten im April bis Mai, hell violettblaue Schmetterlingsblüten, in ca. 10 bis 30 cm langen Trauben; Früchte als grüne, dann braune Hülsen.

Blatt: Sommergrün, Farbe hellgrün, unterseits weißfilzig; bis ca. 30 cm lang, zu 7 bis 13 gefiedert, Fiederblättchen klein, eiförmig bis lanzettlich, ca. 4 bis 8 cm lang.

Klima, Boden und Standort: Volle Sonne; frosthart; bevorzugt nicht zu schwere und nicht vernässte, warme Böden, die durchaus auch sandig sein dürfen.

Verwendung: Als sehr schöne, vielseitige, wuchsstarke, jedoch nicht sehr schnell wachsende Kletterpflanze für hausnahe Bereiche

besonders geeignet (z. B. an Durchgängen, Laubengängen, Pergolen, Pavillons, aber auch an Hauswänden).

Pflege und Schnitt: Verträgt Schnitt sehr gut; beim Rückschnitt im Winter (bis Februar) muss das vorjährige Holz geschont werden, weil daran die Blüten ansetzen.

Der Jahreszeiten-Tipp: Die wunderschönen Blüten der Wisterie wirken besonders schön mit anderen Wisterien-Arten/-Sorten oder mit Gehölzen zusammen, die ebenfalls hängende Blütentrauben aufweisen (z. B. Goldregen/*Laburnum*); das gefiederte, hellgrüne Laub stellt aber ebenso eine über das ganze Jahr wertvolle Zierde dar.

Besonderheiten: In den Baumschulen werden veredelte Pflanzen angeboten; die Veredlung sollte unbedingt angegangen sein, da Sämlingspflanzen sehr wenig und erst sehr spät blühen;
wegen der kräftigen Zweige darf die Wisterie nicht an Regenfallrohre, Regenrinnen o. Ä. gepflanzt werden, da diese sonst ohne weiteres abgedrückt werden können; nach der Pflanzung sollte beispielsweise mit Laub abgedeckt werden; Blütentriebe eignen sich auch als Vasenschmuck; gutes Bienennährgehölz.

Hinweise zum Umgang: Pflanze ist giftig, deshalb Vorsicht mit Kindern!

Empfehlenswerte Arten und Sorten: *Wisteria floribunda* 'Alba' aus Japan, bis ca. 8 m hoch, Jungtriebe behaart, Blüten weiß, Blütentrauben bis ca. 30 cm lang; *Wisteria floribunda* 'Macrobotrys', Blüten im Mai bis Juni, kobalt- bis violettblau, sehr lange Blütentrauben, bis ca. 60 cm; ansonsten Ansprüche und Eigenschaften von *W. floribunda* ähnlich *Wisteria sinensis*, aber noch winterhärter.

IV–V   10 m

Blauregen

Attraktive Pflanzen für die Kübelkultur

Gehölze mit essbaren Früchten

Verbreitungsgebiet/Vorkommen:
Feige, Pfirsich, Olive und Granat-apfelbaum werden seit der Antike im Mittelmeerraum kultiviert und brauchen ein mildes Klima; in Mitteleuropa ist Freilandpflanzung daher – von besonders warmen Lagen abgesehen – nicht möglich.
Wuchs: Die Pflanzen können in Kübelkultur eine Höhe von etwa 3 bis 4 m erreichen; beim Granat-apfelbaum gibt es klein bleibende Sorten (z. B. *Punica granatum* 'Nana'), die nicht höher als etwa 2 m werden; der Feigenbaum zeichnet sich durch malerische, kandelaber-artige Wuchsform aus; ältere Oli-venbäume besitzen einen reizvoll knorrigen Habitus.
Blüte und Frucht: Der Pfirsich blüht im Frühjahr bzw. Frühsommer meist dunkelrosa, seltener auch blassrosa oder weiß, der Granat-apfelbaum meist von Juli bis August in Rot, Gelb oder Weiß; Blüte und Fruchtansatz hängen bei allen genannten Gehölzen in Ge-fäßkultur mit Überwinterung stark von der Sonnenscheindauer und den übrigen Bedingungen ab; die Früchte der Feige sind auch roh ver-zehrt eine Delikatesse; die Früchte des Granatapfelbaums können für Nachspeisen verwendet werden und dienen auch zur Herstellung von Grenadine.
Blatt: Besonders dekorativ sind die handförmigen Blätter des Feigen-baums, die lang-lanzettlichen, frischgrünen Blätter des Pfirsichs und die kleinen, grau-grünen Blätter des Olivenbaums.
Klima, Boden und Standort: Alle oben aufgeführten Pflanzen bevor-zugen einen vollsonnigen Stand-platz; als Substrat empfielt sich eine möglichst torffreie Kübelpflanzen-erde mit etwa gleichen Anteilen von Humus, Sand und Lehm.
Verwendung: Besonders an Sitz-plätzen und auf Terrassen.
Pflege und Schnitt: Während der Vegetationszeit regelmäßige Voll-düngergaben und tägliches Wäs-sern, aber Staunässe vermeiden; ggf. vorsichtiger Rückschnitt im Winter oder zeitigen Frühjahr vor dem Ausstellen.
Besonderheiten: Der Pfirsich dürfte entgegen seines botanischen Namens ursprünglich aus China stammen.

Olivenbaum

2–5 m

Gehölze bis etwa 2, 5 m Höhe

Verbreitungsgebiet/Vorkommen:
Bleiwurz und Engelstrompete stam-men aus Südamerika und sind in den Gärten und Parks des Mittel-meergebiets schon lange verbreitet; der Oleander und der Lorbeer sind ohnehin feste Bestandteile der me-diterranen Landschaft und gleich-zeitig auch bei uns schon klassische Kübelpflanzen.
Wuchs: Die Bleiwurz bildet viele schmale Triebe aus, an denen kleine, eiförmig-lanzettliche Blätter sitzen; strauchig wachsend wird sie ca. 1,5 m hoch (und mindestens ebenso

Oleander

2,5 m

hen Nährstoffbedarf und benötigen bis August allwöchentliche Düngergaben, die Bleiwurz ist etwas genügsamer; im Sommer alle Pflanzen täglich gießen, bei Oleander und Lorbeer von Zeit zu Zeit auch Laub abbrausen; besonders der Oleander und der Lorbeerbaum sollten im Winter kühl und luftig stehen (0 bis 6 °C), um dem Befall durch Schildläuse vorzubeugen; der Stechapfel sollte bei dunkler Überwinterung im Herbst stark zurückgeschnitten werden, die Art Brugmansia sanguinea muss immer hell überwintert werden; Bleiwurz und Oleander im Winter etwa zweimal pro Woche gießen, den Stechapfel und den Lorbeer seltener.

Besonderheiten: Die (getrockneten) Blätter des Lorbeers und die Beeren der weiblichen Pflanze können als Gewürze verwendet werden.

Hinweise zum Umgang: Oleander und Engelstrompete sind sehr giftig, daher Vorsicht mit Kindern!

2,5 m

Lorbeer

breit), als Kletterpflanze noch höher; Oleander und Engelstrompete wachsen aufrecht, der Oleander auch breitbuschig; beide können bis zu 2,5 m Höhe erreichen.

Blüte und Frucht: Die Bleiwurz ist im Sommer viele Monate mit einem Meer kleiner, hellblauer Blüten bedeckt; der Oleander blüht meist ebenso reich in weißen oder in roten und rosafarbenen Farbtönen; die großen, glockenartig herabhängenden Blüten der Engelstrompete können weiß, cremegelb, rotgelb, apricotfarben oder rosa sein und erscheinen von Juli bis September; die Früchte von Bleiwurz und Oleander sind nicht von zierender Bedeutung bzw. auch giftig, diejenigen der Engelstrompete werden in mitteleuropäischen Breiten nicht ausgebildet.

Blatt: Bei der Bleiwurz sommergrün, klein und eiförmig, beim Oleander immergrün, länglich-lanzettlich, steif, grau-grün; beim Stechapfel sommergrün, meist sattgrün, groß und eiförmig; beim Lor-

beer immergrün, dunkelgrün, länglich-eiförmig, zugespitzt, mit gewelltem Rand.

Klima, Boden und Standort: Alle oben aufgeführten Pflanzen bevorzugen einen vollsonnigen Standplatz, der Stechapfel toleriert auch Halbschatten, möchte aber windgeschützt stehen; als Substrat empfielt sich eine möglichst torffreie Kübelpflanzenerde mit etwa gleichen Anteilen von Humus, Sand und Lehm.

Verwendung: Insbesondere in der Nähe von Sitzplätzen, auf Terrassen; die Bleiwurz ist mit Gerüst auch als Kletterpflanze verwendbar; geschnittene Lorbeerpflanzen im Gefäß lassen sich (etwa als Bäumchen mit kugelförmiger Krone) perfekt an Hauseingängen und Durchgängen postieren oder alternativ zu mehreren in großen, langen Pflanztrögen als grüne Hecken einsetzen, so z. B. zur Umrandung von Sitzplätzen.

Pflege und Schnitt: Oleander, Stechapfel und Lorbeer haben einen ho-

Fuchsie

1,5–2 m

Blütenpflanzen für halbschattige Bereiche

Verbreitungsgebiet/Vorkommen: Mittel- und Südamerika, Karibik, Neuseeland.

Wuchs, Triebe und Rinde: Strauchig wachsend, Fuchsie im Gefäß bis ca. 1,5 m, Nachtschatten bis 2 m hoch; charakteristisch für viele Fuchsienstämmchen sind ihre an den Enden überhängenden Triebe.

Blüte: Fuchsien blühen in weißen, rosafarbenen, roten und violetten Farbtönen und Farbkombinationen; der Nachtschatten trägt eine Vielzahl kleiner, violetter Blüten mit gelbem Auge; beide Pflanzen blühen bei guter Pflege den ganzen Sommer über reichlich und dauerhaft, die Fuchsie sogar bis in den Oktober.

Blatt: In beiden Fällen sommergrün; Fuchsie dunkelgrün, zugespitzt eiförmig, Blattränder gezähnt; Nachtschatten mittelgrün, zugespitzt eiförmig.

Klima, Boden und Standort: Fuchsie wie auch Nachtschatten bevorzugen einen halbschattigen, kühlen Platz ohne stauende Hitze einerseits und ohne kalte Winde andererseits; als Substrat empfielt sich eine möglichst torffreie Kübelpflanzenerde mit etwa gleichen Anteilen von Humus und Lehm sowie etwas Sand.

Verwendung: Beide Pflanzen eignen sich für die Verwendung in halbschattigen Bereichen, die sie durch ihre Blütenfülle aufhellen; sie können etwa auch neben Beeten mit Schattenstauden postiert werden.

Pflege und Schnitt: Wegen hohem Wasserbedarf sollten beide Pflanzen insbesondere an heißen Tagen und bei starkem, austrocknendem Wind frühmorgens und abends gegossen werden; wöchentlich düngen bis zum August; beide bei Temperaturen bis ca. 4-8°C überwintern, dabei wenig gießen, für Belüftungsphasen sorgen; Nachtschatten vor dem Umzug ins Überwinterungsquartier stark zurückschneiden; die Fuchsie wird im Frühjahr zurückgeschnitten, wobei vor allem Konkurrenztriebe entfernt und der Austrieb des Vorjahres auf 2 bis 3 Augen zurückgenommen werden sollte; im Frühjahr ab und an etwas stutzen, dann Welkes ausputzen.

Besonderheiten: Der Nachtschatten kann mit Hilfe eines kleinen Spaliers auch als Kletterpflanze gezogen werden.

Hinweise zum Umgang: Der Nachtschatten ist sehr giftig, daher Vorsicht mit Kindern!

Kompakt wachsende Blütenpflanzen bis etwa 1,50 m Höhe

Verbreitungsgebiet/Vorkommen: Die meisten Arten des Lavendels, des Gewürzsalbeis, des Rosmarins und des Heiligenkrauts sind im Mittelmeerraum heimisch; Margeritenbäumchen und Pelargonien stammen ebenso wie Schmucklilie und Palmlilie ursprünglich aus Südamerika, der Hibiskus aus Ostasien.

Wuchs: Heiligenkraut und Pelargonien werden bis etwa 0,5 m, Lavendel, Gewürzsalbei, Rosmarin,

1,5 m

Wandelröschen

Margeritenbäumchen und Wandelröschen bis etwa 1 m, Hibiskus, Schmucklilie und Palmlilie bis 1,5 m hoch; Margeritenbäumchen und Wandelröschen werden auch als Stämmchen angeboten.

Blüte: Lavendel Juni bis Juli/August, blau-violett oder weiß, Salbei Mai bis Juni, blau-violett, weiß oder rosa, Rosmarin im Frühjahr, blau-violett oder weiß, Heiligenkraut Juli bis August, gelb oder orange-gelb, Margeritenbäumchen Dauerblüher, meist weiß, Wandelröschen Juni bis Oktober, in weiß, gelb, orange, rosa, rot, oft gemischt/veränderlich farbig; Pelargonien im Sommer dauerblühend/weiß, rosa, rot, lila-rosa oder violett, Schmucklilie Juli bis August, strahlend hellblau bis hellblau-violett, Palmlilie Juli bis August, cremeweiß.

Blatt: Lavendel, Gewürzsalbei, Rosmarin, Heiligenkraut und Margeritenbäumchen zeichnen sich durch kleine, grau-blaue bis graugrüne Blättchen aus, die wenig Wasser verdunsten lassen; beim Rosmarin und Lavendel sind sie nadelartig geformt, beim Heiligenkraut und beim Margeritenbäumchen gefiedert.

Klima, Boden und Standort: Alle Pflanzen bevorzugen einen vollsonnigen Standort; Lavendel, Gewürzsalbei, Heiligenkraut und Staudenpalmlilie können auch in Mitteleuropa ins Freie gepflanzt werden, wenn es sich nicht um extrem kalte Regionen handelt; als Substrat empfielt sich eine möglichst torffreie Kübelpflanzenerde mit etwa gleichen Anteilen von Humus, Sand und Lehm; eine Kiesschicht im Gefäß ist zum Schutz vor Staunässe empfehlenswert.

Verwendung: An Sitzplätzen, besonders zur Höhenabstufung mit höheren Kübelpflanzen wie Oleander und Stechapfel; wegen des kompakten Wuchses auch auf sehr kleinen Terrassen und Balkonen.

Pflege und Schnitt: Lavendel, Gewürzsalbei, Heiligenkraut und Staudenpalmlilie dürfen im Winter auch im Gefäß mit Winterschutz draußen bleiben, die anderen Pflanzen müssen ins Winterquartier verbracht werden; das Wandelröschen sollte hell und bei Temperaturen nicht unter 6°C überwintert und dann auch selten gegossen werden; im Frühjahr empfielt sich zur Förderung der Blütenpracht häufiges Entspitzen, ansetzende Früchte sollten entfernt werden; die Schmucklilie muss kühl überwintert werden.

Der Jahreszeiten-Tipp: Aufgrund der gleichen Blütezeit bietet sich eine Kombination von Schmucklilie und Palmlilie an, die auch in ihrem gleichermaßen reizvollen, dabei aber recht unterschiedlichen Habitus und mit ihren dekorativen Blattformen sehr gut harmonieren.

Besonderheiten: Äußerst ungewöhnliche und dekorative Erscheinungen sind insbesondere die Schmucklilie und die Palmlilie, die trotz ihrer Höhe durchaus auch auf Balkonen eingesetzt werden können; beide Pflanzen sind botanisch Stauden, wobei die oberirdischen Teile der Palmlilie im Winter anders als die der Schmucklilie jedoch nicht absterben, sondern wintergrün sind.

Hinweise zum Umgang: Das Wandelröschen ist sehr giftig, daher Vorsicht mit Kindern!

1,5 m

Hibiskus

Bougainvillee

3 m

Mehrjährige Kletterpflanzen für die Gefäßkultur

Verbreitungsgebiet/Vorkommen:
Die Bougainvillee kommt ursprünglich aus Brasilien, die Trompetenblume aus Nordamerika; beide sind heute auch in Gärten des Mittelmeerraums weit verbreitet.

Wuchs, Triebe und Rinde: Beide Kletterpflanzen erreichen in warmen Gefilden – ins Freiland ausgepflanzt – beachtliche Höhen, bleiben im Kübel aber relativ niedrig (bis ca. 3 m).

Blüte und Frucht: Die Bougainvilleen blühen entweder violett-rosa bzw. lila (B. glabra) oder auch in weißen, gelben und roten Farbtönen (*B. spectabilis* und Sorten); die Glockenblüten der Trompetenblume sind leuchtend orange-rot.

Klima, Boden und Standort: Beide Pflanzen brauchen einen vollsonnigen Standplatz, die Trompetenblume liebt besonders ein windgeschütztes Eckchen; Bougainvillea glabra kann im Herbst noch bei

Temperaturen bis ca. -5°C draußen bleiben, *B. spectabilis* ist etwas kälteempfindlicher; die Trompetenblume ist gegen Fröste nicht sehr empfindlich und kann in nicht zu kalten Gegenden mit Winterschutz sogar im Freien verbleiben; als Substrat empfielt sich eine möglichst torffreie Kübelpflanzenerde mit etwa gleichen Anteilen von Humus, Sand und Lehm.

Verwendung: Am besten vor sonnenexponierten Hauswänden, an kleinen Rankgerüsten; zur Begrünung größerer Wände oder Flächen sind beide in unseren Breiten nicht in der Lage.

Pflege und Schnitt: Während der Vegetationszeit regelmäßige Volldüngergaben und tägliches Wässern, aber Staunässe vermeiden; die Bougainvillee benötigt im Winter einen kühlen, hellen Standort; vorsichtiger Rückschnitt im Winter oder zeitigen Frühjahr.

Besonderheiten: Beide Pflanzen brauchen eine Kletterhilfe, da nicht selbstklimmend.

Einjährige Kletterpflanzen für die Gefäßkultur

Verbreitungsgebiet/Vorkommen:
Wicken stammen wie auch ihre nahe Verwandte, die Staudenwicke, und die Winden aus den mediterranen Gefilden; die Kapuzinerkresse wird schon lange in mitteleuropäischen Gärten kultiviert, so u. a. in Monets Garten in Guiverny; dagegen war die Schwarzäugige Susanne ursprünglich in Südamerika heimisch.

Wuchs, Triebe und Rinde: Die Wicken besitzen Ranken, mit deren Hilfe sie sich an Kletterhilfen festhalten; dagegen winden sich sowohl die Winden als auch die Schwarzäugige Susanne an Stäben, Stämmen, Rankgerüsten etc. empor; dem Wachstum werden im Gefäß und

3–5 m

Winde

durch die bei uns einjährige Kultur Grenzen gesetzt (Höhe bis ca. 3 m).
Blüte und Frucht: Wicken werden vor allem in weißen, roten und rosa-farbenen Farbtönen angeboten, die Winden in blau bis violett; die Kapuzinerkresse ist meist in gelben, orangen und roten Farbmischungen im Handel, die Schwarzäugige Susanne blüht gelb oder orange mit schwarzem Auge oder auch weiß.
Blatt: Die Wicke besitzt kleine, eiför-mige Blätter, die Kapuzinerkresse frischgrüne, schildförmige Blätter, diejenigen der Schwarzäugigen Susanne sind dunkelgrün und herz-förmig
Klima, Boden und Standort: Alle oben aufgeführten Pflanzen bevor-zugen einen vollsonnigen Stand-platz; als Substrat empfielt sich eine möglichst torffreie Kübelpflanzen-erde mit etwa gleichen Anteilen von Humus, Sand und Lehm.
Verwendung: Am besten vor son-nenexponierten Hauswänden, an kleinen Rankgerüsten; die Wicke eignet sich als alte Bauerngarten-pflanze insbesondere zur Begrü-nung von Staketenzäunen, die Kapuzinerkresse zur Verhüllung größerer Flächen, etwa unschöner Tröge etc.; die Winden werden im Hinblick auf die komplementäre Farbkombination am besten mit gelb blühenden Pflanzen, so z. B. der strauchigen Margerite *(Euryops pec-tinatus),* zusammen gepflanzt.
Pflege: Alle oben genannten Pflan-zen werden als Samen gekauft und in frostfreie Erde ausgesät; während der Vegetationszeit sind regel-mäßige Volldüngergaben und täg-liches Wässern notwendig, dabei ist aber Staunässe zu vermeiden; im Herbst sterben die Pflanzen ab.
Besonderheiten: Vor allem die Ka-puzinerkresse beeindruckt nicht nur durch ihr Blütenkleid, sondern auch durch ihre Laubfülle, die sich bis in den November hinein erhält.

Zitruspflanzen

Verbreitungsgebiet/Vorkommen: Meist Ostasien; zahlreiche Gattun-gen, Arten und Kreuzungen
Wuchs, Triebe und Rinde: Im Kübel Orangen und Zitronen bis ca. 2,5 m, Mandarine, „Orangenbäumchen" und Kumquat bis 1,5 m; Triebe meist mit Dornen versehen; Rinde hell graubraun.
Blüte und Frucht: Zitrusfrüchte blühen bei zusagenden Bedingun-gen (siehe unten) praktisch das ganze Jahr über, meist in weiß, teils mit rosa; die Früchte bilden sich bei den genannten Gattungen bzw. Arten unter guten Verhältnis-sen (Wärme, Besonnung, Nähr-stoffversorgung) zuverlässig bis Herbst aus.
Blatt: Immergrün; ledrig, Form meist zugespitzt eiförmig.
Klima, Boden und Standort: Zitrus-pflanzen brauchen immer einen vollsonnigen, warmen Standort; sie sollten im Hrbst frühzeitig ins Winterquartier verbracht werden, da sie bereits bei Minusgraden unter 5°C Erfrierungen davon tra-gen können; alle oben aufgeführten Zitruspflanzen sind in Pflanzge-fäßen unproblematisch zu kulti-vieren, am robustesten ist die Mandarine; als Substrat empfielt sich im guten Gartenhandel ange-botene Zitruspflanzen-Spezialerde oder Kübelpflanzenerde mit etwa gleichen Anteilen von Humus, Sand und Lehm.
Verwendung: An Terrassen und Essplätzen gibt es kaum etwas Schöneres als blühende oder fruch-tende Zitruspflanzen; sowohl die attraktiven Früchte als auch die Blüten verströmen einen wunder-vollen Duft.
Pflege und Schnitt: Während der Vegetationsperiode bis August wöchentliche Düngergaben; täg-liches Gießen ist notwendig,

Zitrone

2,5 m

jedoch reagieren Zitruspflanzen empfindlich auf stauende Nässe – etwa dann, wenn sich in den Topf-untersetzern Wasser sammelt; Schnitt wird grundsätzlich ver-tragen, jedoch sollte nicht zu tief ins Altholz geschnitten werden; durch den Schnitt werden die Blütentriebe dezimiert.
Besonderheiten: In jüngster Zeit sind frostharte Sorten auf den Markt gekommen, die einige Minusgrade unbeschadet über-stehen.

Palmen

Verbreitungsgebiet/Vorkommen: Zwergpalme im mediterranen Raum heimisch, Hanfpalme aus Ostasien, Dattelpalme aus Nordafrika/von den Kanarischen Inseln; Kokospalme aus den Tropen.

Wuchs, Triebe und Rinde: Zwergpalme bis ca. 1,5 m, Hanfpalme bis ca. 2,5 m, Dattelpalme und Kokospalme im Kübel ca. 3 bis 4 m hoch.

Blüte und Frucht: Bei der Zwergpalme besonders schön, cremeweiß; Blütezeiten im Frühjahr bis Sommer; Fruchtausbildung nur unter günstigen Bedingungen gewährleistet, bei Kokospalme selten; Früchte der Kanarischen Dattelpalme sind nicht essbar.

Blatt: Bei Zwergpalme und Hanfpalme fächerförmig, Blättchen lang-lanzettlich, lange Blattstiele, bei der Zwergpalme bedornt; bei Dattelpalme lang, gefiedert; bei Kokospalme lang, ungefiedert.

Klima, Boden und Standort: Alle Palmen brauchen für das optimale Gedeihen einen vollsonnigen, warmen Standort; die Frosthärte der Palmen ist sehr unterschiedlich – die Hanfpalme verträgt Temperaturen bis -10°C, die Kokospalme reagiert bereits bei einigen Grad über Null empfindlich; als Substrat empfielt sich eine möglichst torffreie Kübelpflanzenerde mit etwa gleichen Anteilen von Humus, Sand und Lehm; Dattelpalme und Kokospalme sollte man in große Pflanzgefäße geben.

Verwendung: Am Rand von Terrassen und Sitzplätzen, zur Betonung von Durchgangssituationen, zur Wintergartenbegrünung; ältere Exemplare der Dattelpalme und der Kokospalme empfehlen sich eigentlich nur dann, wenn genügend hohe Überwinterungsräume zur Verfügung stehen.

Pflege und Schnitt: Palmen sollten im Winter sehr zurückhaltend gegossen werden, brauchen ansonsten im Kübel aber regelmäßige Wassergaben (jedoch nicht ins Herz!); die Zwergpalme zeigt sich beim Wasserbedarf insgesamt am genügsamsten; sommers sollte wöchentlich wenig gedüngt werden; das Einwintern sollte möglichst spät erfolgen, am besten nicht zu hell, bei Temperaturen bei 5° bis höchstens 8°C; nach Überwinterung oder bei jungen Pflanzen sollten Palmen einige Zeit in hell-schattigen Bereichen an das Sonnenlicht gewöhnt werden; bei Palmen müssen von Zeit zu Zeit die verbräunten Blätter und Blattstiele weggeschnitten werden.

Besonderheiten: Die je nach Gattung und Art sehr unterschiedlichen Blattformen sind bei allen Palmen äußerst dekorativ und bringen eine exotische Note in den Garten; bei der Dattel- und Kokospalme sind natürlich auch die Fruchtstände bzw. Früchte sehr attraktiv, wobei allerdings die Kokospalme in unseren Breiten und in Kübelkultur nur im Ausnahmefall Kokosnüsse tragen wird.

1,5–4 m

Palme

Anleitungen zu Pflanzung und Pflege

Augen auf beim Pflanzenkauf

In Baumschulen und Staudengärtnereien, die den jeweiligen Erzeuger-Dachverbänden angeschlossen sind, wird man meist Bäume und Sträucher mit sehr guter Qualität finden. Da größere Gärtnereien die meisten Pflanzen selbst heranziehen, sind diese gut an die regional herrschenden Klima- und Bodenbedingungen angepasst. Ein weiteres wichtiges Argument für den Einkauf in der Fachgärtnerei ist die meist hohe fachliche Kompetenz des Verkaufspersonals, die eine eingehende Beratung des Kunden ermöglicht und Fehlentscheidungen zu vermeiden hilft. Baumschulen mit angeschlossenen Staudengärtnereien sind insofern sehr praktisch, als man alle Gartenpflanzen vor Ort zusammen betrachten und erwerben kann. Viele Baumschulen besitzen als zusätzliches Serviceangebot auch Garten- und Landschaftsbaubetriebe, die umfangreichere Gartenarbeiten ausführen können.

Gesunde Pflanzen wachsen gut an und sind widerstandsfähig gegen Kälte – wichtig insbesondere bei einer Herbstpflanzung –, Krankheiten und Schädlinge. Auch tolerieren vor Kraft strotzende Gewächse Fehler bei der Pflanzung bedeutend besser als Pflanzen, die schon beim Kauf etwas schwächlich aussehen.

Passt die Pflanze an den Platz?

Ist eine Wunsch-Pflanze ins Auge gefasst, gilt es zunächst einmal, einen ihr zusagenden Standort zu finden. Dieser bestimmt wesentlich mit über deren Entwicklung und Wachstum. Zu den Standortansprüchen gehören neben den allgemeinen Klimabedingungen auch die Besonnung (Sonne bis Vollschatten), die Beschaffenheit des Boden, die Bodenfeuchte und nicht zuletzt

Eine wunderschöne Pfingstrose mit herrlichen Blüten und gesundem Laub.

Tipp

Bei allen Bemühungen um gute Qualität wird es zwischen verschiedenen Erzeugerbetrieben immer gewisse Unterschiede geben. Der Gartenfreund kann kräftige, gesunde Gehölze insbesondere an den folgenden Kennzeichen erkennen:

- gleichmäßiger Habitus ohne deutlichen Schiefwuchs und ohne kahle Stellen
- kräftige Triebe und (entsprechend Art und Sorte) buschiger Wuchs
- gleichmäßige, der Art und Sorte entsprechende Verzweigung
- Stamm, Äste und Triebe ohne Verletzungen
- Blätter oder Nadeln mit sattgrüner Farbe, keine großflächigen Verbräunungen, Vergilbungen oder Schadbilder, kein vorzeitiger Nadel- oder Blattfall
- bei Ballenpflanzen: intakter, gut geformter Erdballen, in der Größe der Pflanze angepasst, mit Ballentuch
- bei ballenlosen Pflanzen: kräftiges, für die Größe der Pflanze ausreichend langes Wurzelwerk mit Faserwurzeln, keine Verletzungen (Einrissstellen etc.)

Links: Mediterrrane Pflanzen wie der Gewürzsalbei brauchen wenig Pflege, keinen Dünger und müssen auch nur sehr selten gegossen werden, lieben aber leichte Böden und einen sonnigen Standort.

Unten: Vorsichtiges Hacken sorgt für einen lockeren, gut durchwurzelbaren Boden.

auch die herrschende Luftfeuchtigkeit.

Bei Sonne liebenden Pflanzen sollten in jedem Fall zu schattige Innenhöfe und allgemein reine Nordlagen vermieden werden. Die meist lichthungrige Rose gedeiht zudem in reinen, heißen Südlagen ebenfalls nicht optimal. Anspruchsvollere Gartenpflanzen bedürfen oft eines sehr guten, reichlich mit Nährstoffen versorgten und nicht zu leichten, am besten lehmhaltigen Bodens. Sehr empfindlich reagieren viele Gehölze auf stauende Nässe! Allgemein muss darauf geachtet werden, dass keine Bodenverdichtung durch verbackenen Bauschutt oder ähnliches vorliegt.

Beobachten Sie im übrigen regelmäßig Ihre Pflanzen, um einen auftretenden Krankheitsbefall oder Schadbilder frühzeitig feststellen und die betroffenen Blätter und Triebe entfernen zu können, ehe es zu einer weiteren Ausbreitung kommt! Treten bestimmte Krankheitsbilder häufiger auf, sollte man den Standort nochmals kritisch

analysieren und gegebenenfalls eine möglichst baldige „Standortveränderung" ins Auge fassen. So ist bei regelmäßigem Mehltaubefall an der Lieblingsrose meist der Boden zu trocken und/oder die Luftbewegung zu gering.

Kräftige Pflanzen durch guten Boden

Die Bodenansprüche der Pflanze bestimmen die Auswahl des Substrats. Für den Großteil der in Gärtnereien angebotenen Stauden und Gehölze sind organische Fertigerden mit gut abgestimmtem Nährstoffgehalt (vor allem Stickstoff, Kalium, Calcium, Phosphor) zu empfehlen. Eine zusätzliche Düngung bei der Pflanzung ist dann im Grunde nicht nötig. Bei der Auswahl des Fertigsubstrats und auch des Düngers muss sicher gestellt sein, dass die Zusammensetzung den Ansprüchen der Pflanzen entspricht.

Rhododendren, Azaleen und Hortensien benötigen einen Boden aus

reinem Torf oder mit hohem Torfanteil. Entscheidend ist hierbei, dass der Torf eine hohe Nährstoffhaltefähigkeit hat und gut durchwurzelt wird. Aufgrund der mit dem Torfabbau verbundenen ökologischen Problematik sollte er als Reinsubstrat wie auch als Zugabe zu Substraten nur dann benutzt werden, wenn es für das Gedeihen der Pflanze unerlässlich ist.

Eine Alternative zum Torf, die statt diesem für die Beimischung zu

Substraten oder auch als Reinsubstrat eingesetzt wird, sind Komposterden. Diese werden zunehmend als Fertigerden mit ausgewogener Nährstoffversorgung angeboten. Die Herkunft, Qualität und Inhaltsstoffe der Komposterde sollten auf der Packung angegeben sein. Ganz sicher geht man stets mit der Eigenproduktion von Kompost (siehe Seite 135 ff.). Fertig behandelter, abgepackter Rindenhumus ist ebenso empfehlenswert. Seine

Oben: Eine dünne Mulchauflage aus Grasschnitt oder Stroh fördert das Bodenleben und die Bodenfeuchtigkeit.

Rechts: Lockerer, feinkrümeliger Boden ist besonders für die Aus- oder Nachsaat von Rasen- und anderen Samen wichtig; ein Fertikutier-Rechen kann hier sehr nützlich sein.

nährstoffhaltefähigen Bestandteile zersetzen sich nach und nach und wirken so als eine Art Depotdünger. Der vorhandenen Gartenerde kann auch Rindenhumus beigegeben werden. Bei sehr nassen, schweren Böden mit hohem Lehm- oder Tonanteil empfiehlt es sich, von Zeit zu Zeit zusätzlich ausreichend Sand einzubringen, um die Durchlüftung und Durchwurzelbarkeit des Bodens zu verbessern und stauende Nässe zu vermeiden.

Sehr wichtig – vor allem für die meisten Rosen – ist ein offener Boden ohne dichten Gras- oder Krautbewuchs. Neben vorsichtigem Wässern trägt auch regelmäßiges Hacken dazu bei, die Durchlüftung und Durchlässigkeit des Bodens zu erhalten. Dies gilt andererseits nicht für die meisten Wildsträucher und Wildstauden, die im Wurzelbereich lieber in Ruhe gelassen werden wollen. Ihnen genügt völlig das jeden Herbst zu Boden fallende Laub als Humuszufuhr, die gleichzeitig den Boden vor Austrocknung schützt.

Die Bodenvorbereitung

Sollen größere Pflanzbeete mit einer Mischpflanzung von Gehölzen und Stauden entstehen, muss der Boden zumindest bis zu einer Tiefe von etwa 50 cm gelockert werden, um gut pflanzen zu können. Feinkrümelige und lockere Erde ist vor allem wichtig im Hinblick auf die Durchwurzelbarkeit, also das Anwachsen, und die Bodendurchlüftung, die die Sauerstoffaufnahme, die Wurzelbildung und somit das Wachstum der Pflanze beeinflusst. Sowohl bei der Neuanlage eines Gartens als auch im bestehenden Garten wird man bei größeren zusammenhängenden Flächen meist mit der Spezialmaschine durchfräsen müssen. Solche Arbeiten übernehmen Baumschulen wie auch Garten- und Landschaftsbaubetriebe. Alternativ kann man sich auch Fräsen ausleihen. Wenn es sich nur um kleinere Bereiche bis etwa 5 m² handelt und der Boden nicht allzusehr verdichtet ist, kann auch Harken oder Umgraben genügen. Je weniger und je weniger tief in den Boden und damit in das Bodenleben eingegriffen werden muss, desto besser ist es. Bei Nässe sollten möglichst keine Bodenarbeiten durchgeführt werden, um nicht unnötig zu verdichten. Gegebenenfalls vorhandene Grasnaben können eingefräst werden, wenn keine Wurzelunkräuter enthalten sind. Besser ist es jedoch, den vorhandenen Grasbewuchs vorher abzunehmen. In den vorhandenen, gut gelockerten und feinkörnigen Gartenboden können dann Komposterde, Rindensubstrat oder andere gute Substrate eingearbeitet und, falls notwendig, Dünger eingebracht werden. Zur Herstellung der gewünschten Niveauverhältnisse

(Feinplanie) wird die Erde mit der Schaufel und einem breiten Holzrechen verteilt. Mit dem Rechen lassen sich gleichzeitig größere Feldsteine entfernen.

Tipps für die fachgerechte Pflanzung

Blütenzwiebeln können entweder im Herbst in den (frostfreien) Boden gesteckt, oder auch wie die Stauden als Topfpflanzen erworben werden. Zwiebeln steckt man je nach Größe einige Zentimeter in die Erde; besonders hübsch sehen viele kleine Gruppen von Zwiebelpflanzen in der Wiese oder im Rasen aus.

Stauden werden bei der Pflanzung mit einer Hand festgehalten und mit einem Schlag der anderen Hand auf den Topfboden aus dem Gefäß gelöst. Zum Pflanzen benutzt man am besten eine kleine Pflanzkelle. Abschließend wird gut angedrückt und vorsichtig gegossen. Junge Salat- und Gemüsepflänzlein lassen sich mittels eines Setzholzes unbeschadet in die Erde bringen.

Gehölze pflanzen

Vor dem Einpflanzen von Gehölzen muss zuerst immer eine Pflanzgrube ausgehoben werden. Bei gutem Gartenboden können Sie den Aushub wiederverwenden, sollten ihn aber mit Komposterde, Rindenkultursubstrat und ggf. organischem Volldünger mischen. Besteht die Sohle der Pflanzgrube aus verfestigtem Material, dass sich nicht völlig entfernen lässt, sollte mit Pickel und Spaten aufgelockert werden. Anschließend wird mit der fertigen Pflanzerde soweit aufgefüllt, bis die Pflanze eingestellt werden kann.

Rechts: Nach der Aussaat wird das Saatgut am besten noch leicht eingerecht und dann festgeklopft oder festgewalzt.

Unten: Oft müssen im Hausgarten Sträucher ausgegraben werden, bevor sie an ihren neuen Standort umziehen können; durch vorsichtiges Abstechen eines sechseckigen Erdballens werden die Wurzeln oben durchtrennt.

Der Anteil des Aushubs am fertig gemischten Pflanzsubstrat sollte dabei nicht mehr als die Hälfte betragen. Bei einer Beetpflanzung ist die Pflanzerde bereits vorbereitet, eine Zugabe von Kompost oder Rindenkultursubstrat ist aber immer zu empfehlen.

Die Grube sollte möglichst tief und breit sein, um eine bestmögliche Entwicklung der Pflanze zu gewährleisten. Zumindest aber sollte sie doppelt bis dreimal so groß bemessen sein wie die Breite des Ballens oder Wurzelbereichs. Auch nach unten muss insbesondere für Tiefwurzler genügend Spielraum bleiben. Wegen ihrer senkrecht nach unten strebenden Pfahlwurzel braucht die Rose einen sehr tiefgründigen Boden mit gleichbleibender Qualität.

Rechts: Jetzt kann der Wurzelballen vorsichtig ringsum ab-
gestochen werden.

Unten: Wichtig bei Sträuchern
und Bäumen ab etwa 1,5 m
Höhe ist das fachgerechte An-
pfählen, um die Wurzelbildung
zu fördern. Mit einem Kokos-
strick werden Stamm und
Pfahl verbunden.

men sollte die Veredlungsstelle
etwa eine Handbreit tief in den
Boden gesetzt werden. Grundsätzlich ist es zu vermeiden, oberirdi-
sche Triebe mit Erde zu bedecken.

Einsetzen und angießen

Beim Einfüllen der Pflanzerde müssen insbesondere Pflanzen ohne
Erdballen ebenso wie beim
anschließenden (vorsichtigen) Fest-
treten der Erde gut festgehalten
werden. So lassen sie sich zum
einen genau in der Mitte der
Pflanzgrube platzieren, und geraten
zum anderen nicht zu tief in die
Erde. Bei Ballenpflanzen muss das
Ballentuch nach dem Einsetzen der
Pflanze, aber natürlich vor dem Einfüllen der Erde, mit der Gartenschere oder einem scharfen Messer vollständig aufgeschnitten und
vorsichtig von der oberen Ballen-
hälfte entfernt werden. Entfernen
Sie es aber nicht ganz, da dann die
Gefahr besteht, dass der kostbare
Wurzelballen zerbröckelt! Ist die
Erde fest angetreten, formt man am
besten einen Gießrand rund um die

Wurzelschnitt muss sein

Vor der Pflanzung sind die Wurzeln
ballenloser Pflanzen einzukürzen.
Gleichzeitig müssen auch die oberirdischen Triebe in etwa gleichem
Verhältnis zurückgenommen werden. Wenn also die Wurzeln um 1/5
eingekürzt wurden, sollte dies für
die Triebe ebenfalls um etwa 1/5
erfolgen. Achten Sie vor allem beim
Wurzelschnitt unbedingt auf plane

Schnittstellen ohne Ausfransungen,
damit es in diesen Bereichen nicht
zu Fäulnis und Krankheiten kommt!
Wenn der Wurzelbereich sich vollständig unterhalb der Bodenober-
fläche befindet, ist die Pflanzhöhe
richtig. Bei Rosen ist als Besonderheit zu beachten, dass der über
dem eigentlichen Wurzelbereich
anschließende Wurzelhals vollständig mit Erde bedeckt sein muss. Bei
großblumigen Clematis-Zuchtfor-

Pflanze, damit diese besonders am Tag der Pflanzung und unmittelbar danach gut gewässert werden kann. Anschließend kann weniger gegossen werden, damit die Pflanze nicht vernässt. Größere Gehölze müssen angepfählt werden, um einen sicheren Stand zu gewährleisten und das Anwurzeln der Pflanzen zu erleichtern.

Kühles Nass mit Maß und Ziel

Bei Gehölzen genügt es, nach der Pflanzung je nach Witterung noch mehrere Male alle zwei bis drei Tage zu gießen. Danach müssen die meisten Gehölze im Grunde nicht mehr regelmäßig gegossen werden. Allerdings brauchen sie natürlich nach längeren Trockenperioden schon einen kräftigen Wasserguss. Ferner haben Bäume und Sträucher zur Zeit der Blüte und der Fruchtreifung einen höheren Bedarf an Wasser und Nährstoffen. Ganz ausklingen lassen kann man das Gießen am Ende der Vegetationszeit, wenn der Blattfall einsetzt. Im Winter soll der Boden feucht, aber nicht zu nass sein, da die Pflanzen in vernässten Böden leichter erfrieren. Rosen reagieren besonders empfindlich auf die Austrocknung des Wurzelbereichs. Jedoch nehmen sie auch falsches Gießen besonders übel. Der Gießstrahl sollte stets auf den Boden, nicht auf die Blätter gerichtet werden. Solch falsches Gießen kann ebenso wie Standorte mit stauender Hitze und ungenügender Luftzirkulation zu Krankheiten wie etwa Mehltau führen. Ein zu scharfer Gießstrahl führt des weiteren zur unerwünschten Bodenverdichtung und zur Verstopfung der Kapillargefäße. Stauden, Einjährige und Zwiebelpflanzen brauchen (je nach ihren jeweiligen Ansprüchen) wegen ihres weniger tief reichenden Wurzelwerks häufigere Wassergaben als Sträucher und Bäume. Sie reagieren auch empfindlicher auf das Abschwemmen des Substrats durch einen zu scharfen Gießstrahl. Wenig gegossen werden sollten Trockenheit liebende Stauden, die auch in ihren Heimatregionen lange ohne Regen ausharren können (z. B. Salbei, Lavendel, Ochsenzunge, Schwertlilie, Spornblume).

Nährstoffspenden nach Bedarf

Die Düngung kann, wenn bei der Pflanzung eine ausreichende Düngergabe verabreicht wurde und danach regelmäßig Komposterde beigegeben wird, bei den meisten Gehölzen ganz ausfallen. Es gibt jedoch einige empfindliche Gehölze, deren Schönheit regelmäßig mit einem geeigneten organischen Dünger zur vollen Entfaltung gebracht werden muss. So ist anzuraten, Hortensien, Rhododendren und Azaleen mit (im Handel angebotenen) Spezialdüngern zu versorgen. Vor allem aber sollte bei diesen drei Gattungen immer für ausreichenden Nachschub an Torf gesorgt werden.

Vorsichtiges Gießen mit der Brause verhindert, dass der Boden verschlämmt.

Auch Rosen haben etwas größere und speziellere Nährstoffansprüche:

Rosen richtig düngen

- Wichtig für das Gedeihen von Rosen sind vor allem die Nährstoffe Stickstoff (N), Phosphor (P2O5) und Kalium (K2O), in geringeren Mengen sollten Calcium (Ca), Magnesium (Mg) und Eisen (Fe) zugeführt werden. Spurenelemente wie Mangan (Mn) werden nur in sehr geringen Mengen benötigt.
- Entweder einen auf diesen Nährstoffbedarf abgestimmten normalen Mehrnährstoffdünger oder einen handelsfertigen Rosendünger verwenden (zum Ausstreuen oder in flüssiger Form erhältlich). Losen Dünger mit der Hacke am besten leicht in den Boden einarbeiten!
- Der richtige Düngezeitpunkt ist zum einen das Frühjahr, beim Erscheinen der ersten Blattriebe, zum anderen im Sommer nach der ersten Blüte (Juni/Juli). Danach sollte nicht mehr oder nur mehr phosphor- und kalibetont gedüngt werden, damit die Triebe ausreifen können und die Rose gut durch den Winter kommt.

Der Schnitt der Gartengehölze

Die Gesundheit, das Wachstum und die Blüten- wie auch Fruchtbildung vieler Gartengehölze kann durch einen fachgerechten Schnitt beträchtlich gefördert werden. Dies gilt insbesondere für die meisten Rosen und Obstgehölze.

Als Grundregel gilt: je stärker der Rückschnitt, desto stärker auch der Neuaustrieb. Dies bedeutet, dass schwachwüchsige Gehölze und schwache Triebe stärker, starkwüchsige Gehölze und stärkere Triebe schwächer geschnitten werden müssen.

Strauchrosen und Kletterrosen müssen im Grunde nicht regelmäßig geschnitten werden und werden oft gerade dann zu beeindruckenden Blütenbergen, wenn sie sich – wie etwa in milderen Regionen – jahrelang frei entwickeln können. Daher sollte der Schnitt auf die Entfernung alter und frostgeschädigter Triebe beschränkt werden. Es empfielt sich, damit bis zum Beginn des Frühjahrs zu warten, da dann die Schädigungen besser erkannt werden können. Wildrosen brauchen meist gar nicht geschnitten zu werden, da sie selbst in sehr kalten Wintern nur wenig zurückfrieren. TIPP: Den Schnitt der wichtigsten Gehölze im Überblick finden Sie auf den nächsten zwei Seiten.

Tipp

Bei den *Rosen* bedürfen vor allem Beetrosen und Edelrosen eines regelmäßigen Schnitts, um dauerhaft zu gedeihen und prächtig zu blühen. Hierbei sind drei Gruppen zu unterscheiden:

- Schwachwüchsige und junge Beet- und Edelrosen: Tiefer Schnitt (auf 3–4 Augen bzw. 10–15 cm Trieblänge); junge Beet- und Edelrosen bei Frühjahrspflanzung unmittelbar vor dem Einpflanzen, bei Herbstpflanzung erst im Frühjahr schneiden!
- Mittelstark wachsende Beet- und Edelrosen: mittelstarker Schnitt (auf 4–8 Augen bzw. 15–25 cm Trieblänge); alle 3–4 Jahre stärkerer Rückschnitt zur Verjüngung der Pflanze.
- Starkwüchsige Beet- und Edelrosen: hoher Schnitt (auf 8 oder mehr Augen bzw. über 30 cm Trieblänge); alle 3–4 Jahre stärkerer Rückschnitt zur Verjüngung der Pflanze.

Pflanzen wie Rhododendron und Azaleen, Zitrusgewächse und Tomaten sind dankbar für speziell auf ihre Ansprüche abgestimmte Düngergaben.

Der Schnittfahrplan durchs Gartenjahr

Pflanze	Art des Schnitts	Schnittzeitpunkt
Rosen: Schwachwüchsige oder junge Beet- und Edel- rosen, Zwergrosen	starker Schnitt (auf 3–4 Augen oder 10–15 cm Trieblänge)	Pflanzschnitt im Frühjahr, danach auch im Herbst
Mittelstark wachsende Beet- und Edelrosen	mittelstarker Schnitt (auf 4–8 Augen oder 15–25 cm Trieblänge), alle 3–4 Jahre stärkerer Rückschnitt zur Verjüngung	Pflanzschnitt im Frühjahr, danach auch im Herbst
Starkwüchsige Beet- und Edelrosen	schwacher Schnitt auf 8 oder mehr Augen (oder über 30 cm Trieblänge)	Pflanzschnitt im Frühjahr, danach auch im Herbst
Strauch- und Kletterrosen	nur Rückschnitt alter und erforener Triebe jedes Jahr, bei stark wachsenden Sorten ggf. alle 4–5 Jahre stärkerer Schnitt zur Förderung des buschigen Wuchses	Winter bis zeitiges Frühjahr, jährlich
Obstgehölze: Apfel, Birne	Pflanzschnitt Erziehungsschnitt — — Erhaltungsschnitt Auslichtungsschnitt — — starker Verjüngungsschnitt	einmalig im Frühjahr oder Herbst in den ersten Jahren nach der Pflanzung, jährlich, in der Winterzeit (bevorzugt im Januar) kontinuierlich jedes Jahr, wie oben zusammen mit dem Winterschnitt sowie ggf. ein zweites Mal im Sommer zur Förde- rung des Fruchtansatzes immer beim Auftreten von Alterserschei- nungen, bei lange nicht geschnittenen Bäumen
Zwetschge, Pflaume, Reneklode		Schnitt alle 2–3 Jahre, im Winter (bevorzugt Januar)
Kirsche		Schnitt alle 2–3 Jahre, am Ende des Winters (bevorzugt März)
Pfirsich, Aprikose		Schnitt alle 2–3 Jahre, nach den Spätfrösten
Alle Spindelbüsche		Schnitt je nach Gattung jährlich oder selte- ner, am Ende des Winters (bevorzugt März)
Rote Johannisbeere, Stachelbeere	Auslichten von altem und zu dicht wachsendem Holz, bei roter J. Ast- verlängerungen auf ca. 4–6 Knospen, Seitentriebe auf 3–4 Knospen kürzen, bei Stachelbeer-Büschen ca. 10 Triebe, bei -Stämmchen ca. 5–8 Basistriebe (be- vorzugt aus zweijähr. Holz) stehenlassen	alle 3–4 Jahre, im September
Schwarze Johannisbeere	nur sehr altes Holz ohne Knospen- ansatz entfernen, ältere Zweige schonen, nur schwache Triebe entfernen	alle 3–4 Jahre, im September
Himbeeren	Entfernen aller abgeernteten und aller schwachen Ruten knapp über der Erde	jährlich, im September

Der Schnittfahrplan durchs Gartenjahr

Pflanze	Art des Schnitts	Schnittzeitpunkt
Heckenpflanzen: Buchsbaum, Eibe, Scheinzypresse, Berberitze, Hainbuche, Rotbuche, Liguster	Hecken- oder Formschnitt, mit der Heckenschere, trapezförmig schneiden (d. h. unten breiter als oben)	im Sommer (Juni–August), bei starkwüchsigen Laubgehölzen ggf. wiederholen, oder von September bis Februar
Kirschlorbeer	Hecken- oder Formschnitt, jeden Zweig einzeln mit der Gartenschere schneiden, um Blätter nicht zu verletzen, in Einzelstellung kein Schnitt nötig!	im Sommer (Juni–August) oder September bis Februar
Blütensträucher: „Garten-Hortensie", Bartblume	starker Schnitt ins vorjährige Holz, zur Förderung der Blüte und des buschigen Wuchses	Winter bis zeitiges Frühjahr, einmal pro Jahr
Schmetterlingsstrauch *(Buddleia davidii)*, Färberginster, sommerblühende Spiraee, Hibiskus *(Hibiscus syriacus)*	starker Rückschnitt aller Triebe zur Förderung der Blüte und der Verzweigung (um ca. 1/2 bis 3/4 der Trieblänge)	im Spätwinter/zeitigen Frühjahr, einmal pro Jahr
Forsythie, Zierquitte, Weigelie Flieder *(Syringa vulgaris)*	Entfernung von abgestorbenem Holz und alten Langtrieben	im Winter, alle 2–4 Jahre
Ranunkelstrauch	Entfernung aller abgestorbenen, braunen Triebteile	am besten im zeitigen Frühjahr, jährlich, ggf. wiederholen
Pfeifenstrauch, Deutzie	vorsichtiger Rückschnitt der Zweige, dabei Schonung der Langtriebe!	im Winter, je nach Bedarf
Kletterpflanzen: Clematis, großblumige Hybriden	starker Rückschnitt aller Triebe	im Winter (Januar), einmal pro Jahr
Blauregen (Wisterie, Glyzinie)	Rückschnitt der Triebspitzen Blütenholz an den Seitentrieben erst nach der Blüte schneiden (zur Förderung der Blühwilligkeit, falls erforderlich)	im Winter (Januar/Februar) ab Mai
Geißblatt	starker Rückschnitt aller Triebe zur Förderung der Verzweigung und der Blüte	im Winter (Januar), bei Verkahlungserscheinungen
Verholzende Stauden (z. B. Lavendel, Gewürzsalbei, Perowskie)	tiefer Rückschnitt ins vorjährige Holz, zur Förderung der Blüte und Verzweigung	November–Februar
Alle krautigen Stauden	Wegschneiden aller oberirdischen Triebe, zerkleinertes Schnittgut kann auf dem Beet verbleiben	nach dem vollständigen Einziehen der Pflanze, dekorative Stauden möglichst lange stehen lassen!
Balkon- und Kübelpflanzen: Pelargonien, Fuchsien etc.	Rückschnitt zur Formbildung und Förderung einer frühen Blüte, Ausputzen welker Blätter	ab Oktober (bis Januar)

Das Entfernen alter Blüten fördert – nicht nur bei der Rose – die Bildung neuer Blüten.

Die Ansprüche der Balkon- und Kübelpflanzen

Die richtige Zeit für das erstmalige Eintopfen junger Kübel- bzw. Gefäßpflanzen reicht vom späten Winter bis ins Frühjahr (Ende Februar bis Ende Mai). Das Umtopfen einer Pflanze in ein neues Gefäß sollte in der Periode der Vegetationsruhe erfolgen. Es wird dann notwendig, wenn das alte Gefäß ganz durchwurzelt ist, das Substrat nicht mehr genügend Nährstoffe aufnehmen kann und/oder die Pflanze nicht mehr richtig gedeiht.

Die Auswahl des neuen Substrats muss bei Gefäßpflanzen besonders sorgfältig geschehen. Insbesondere ist darauf zu achten, dass keine zu torfige Erde verwendet wird. Viele handelsübliche Fertigsubstrate weisen einen zu hohen Torfanteil auf, was zu einer übermäßig schnellen Austrocknung führt. Der Torfanteil sollte höchstens bei etwa 1/5 liegen. Eine Ausnahme bilden Pflanzen, die saures Bodenmilieu bevorzugen und Jungpflanzen, die am besten in einem Gemisch von Torf und Sand herangezogen werden. Auch eigentlich Sonne liebende Pflanzen reagieren in Gefäßen oft sehr empfindlich auf anhaltende Bodentrockenheit, da ihre Wurzeln nicht im Erdreich geschützt sind und sich nicht weit ausbreiten können! Sinnvoll ist es, als Hauptbestandteil (1/3 bis zu 1/2) eine eher schwere, sandig-lehmige Erde zu verwenden, die sowohl Feuchtigkeit als auch Nährstoffe gut zu speichern vermag. Guter, abgelagerter Kompost kann zu etwa 1/3 beigegeben werden. Für die Verbesserung der Durchlüftung sorgt ein reiner Sandanteil von etwa 1/5. Alternativ oder zusätzlich kann auch am Gefäßboden, der immer einen freien Wasserabfluss haben muss, eine mehrere Zentimeter hohe Dränageschicht aus grobem, nicht saugfähigem Material (z. B. Feinkies) vorgesehen werden. Auf das Unterstellen von Schalen kann und sollte im Freien verzichtet werden, da diese oft voll Wasser stehen und zur Bildung von Staunässe führen. Anzeichen hierfür ist meist eine Vergilbung der Blätter.

Kübelpflanzen richtig eintopfen

Entscheidend für das Gedeihen einer Topf- oder Kübelpflanze ist, dass das ausgewählte Gefäß ihm ausreichend Platz für das Wachstum lässt. Die meisten verholzenden und alle stärkerwüchsigen Pflanzen benötigen recht tiefe Gefäße mit großer Grundfläche. Mit kleineren Töpfen oder Kästen kommen Stauden und einjährige Pflanzen aus, jedoch sollten Seitenlänge und Tiefe der Gefäße nicht unter 20 cm liegen. Beim erstmaligen Einpflanzen einer neu gekauften Pflanze wie auch beim Umtopfen gilt, dass das neue Behältnis seitlich zwischen Ballen der Pflanze und Gefäßrand 3–4 cm Platz für das Einfüllen des Substrats lassen sollte. Nach oben müssen einige Zentimeter für das Einfüllen des Gießwassers verbleiben. Der Pflanzballen wird mittig eingesetzt, das feuchte Substrat eingefüllt (ohne überirdische Pflanzenteile zu bedecken) und gut, aber nicht zu fest angedrückt. So wird für ein problemloses Anwachsen gesorgt, ohne den Boden übermäßig zu verdichten. Abschließend ist die Pflanze gut zu wässern, wobei aber immer mit sanftem Strahl – also am besten mit Brausekopfaufsatz – gegossen werden muss. Hierdurch lässt sich die Lockerheit und damit gute Luftdurchlässigkeit der Topferde länger bewahren.

Umtopfen – gewusst wie!

Um nicht mit jedem Umtopfvorgang – der bei nährstoffliebenden Pflanzen wie dem Oleander alle 1–2 Jahre erfolgen muss – ein größeres und damit schwereres Pflanzgefäß zu benötigen, sollte zumindest bei größeren Pflanzen vor dem Umpflanzen ein Wurzelschnitt vorgenommen werden. Dabei wird der Ballen mittels leichtem Klopfen gegen den Gefäßboden gelockert, herausgehoben und auf allen Seiten mit einer scharfen Gartenschere um einige Zentimeter eingekürzt. Um das Eindringen von Pilzen und Krankheitserregern zu verhindern, sind gerade Schnittflächen wichtig. Beschädigte Wurzelteile sind zu entfernen. Das Volumen des Wurzelballens sollte bei diesem Vorgang um nicht mehr als 1/5 verringert werden. Andernfalls ist durch entsprechenden Rückschnitt der oberirdischen Pflanzenteile für Ausgleich zu sorgen. Eine positive Auswirkung dieses Beschnitts ist auch, dass hierdurch die Neubil-

dung von Faserwurzeln stimuliert wird.

Nahezu alle Pflanzen brauchen daher während der Vegetations- und Blütezeit regelmäßige Düngergaben, deren Häufigkeit von Pflanze zu Pflanze unterschiedlich ist. Übermäßige Nährstoffgaben können, insbesondere bei jungen Pflanzen oder beim Austrocknen des Substrats, zum „Verbrennen" der Wurzeln führen. Mangel- oder Verbrennungserscheinungen an den Blättern weisen auf vorhandene Unter- oder Überversorgung mit Nährstoffen hin. Als Dünger wird, falls die Pflanze keine spezifischen „Vorlieben" hat, am besten ein wasserlöslicher organischer Volldünger bzw. ein fertiger Flüssigdünger verwendet.

Der Schnitt sorgt dafür, dass Pflanzen sich besser verzweigen, also einen dichteren, buschigeren Wuchs bekommen. Ferner können sie so in eine bestimmte Form gebracht werden (z. B. bei Lorbeer oder Buchs). Dabei immer einige Millimeter oberhalb einer Knospe

Oben: Durch einen vorsichtigen Schlag mit der flachen Hand wird die Pflanze aus dem Container gelöst.

Rechts: Wenn der Boden des Pflanzgefäßes mit etwas Substrat bedeckt und die Pflanze eingestellt ist, wird der Rand aufgefüllt. Oben sollten einige Zentimeter für das Gießwasser frei bleiben.

von dieser weg schneiden! Durch die Entfernung alter Blätter wird der Entstehung von Krankheiten vorgebeugt, das Abknipsen alter Blüten gibt der Pflanze mehr Kraft.

Im Winterquartier

Für die Überwinterung gilt zunächst, dass möglichst alle als nicht völlig winterhart eingestuften Pflanzen in einen absolut frostfreien Raum verbracht werden sollten. Welche Räumlichkeiten sich eignen, hängt mit den Ansprüchen der jeweiligen Pflanzen zusammen. Grundsätzlich müssen eine ausreichende Belichtung, eine Belüftungsmöglichkeit und eine dem Wuchs der Pflanzen angepasste Raumhöhe gewährleistet sein. Ein unbeheiztes Glasgewächshaus bietet Schutz vor allzu starken Frösten, ist aber für die Überwinterung der meisten Kübelpflanzen nicht die richtige Wahl. Besser sind in jedem Fall Wintergärten, die Bestandteil des Wohnhauses sind, aber im Winter nicht als Aufenthaltsräume genutzt und nicht beheizt werden. Sie können sie in der Regel vom übrigen Wohnbereich abtrennen. Hier finden die meisten Mitteelmeerpflanzen in der kalten Jahreszeit ein ihnen zusagendes Domizil. Unerlässlich ist aber eine regelmäßige Kontrolle der Raumtemperatur, um etwa Schädigungen der Pflanzen bei plötzlichen Kälteeinbrüchen zu vermeiden. Die ideale Lösung bietet die Installation eines automatischen Mechanismus, der bei einer Veränderung der eingestellten Normtemperatur selbsttätig die Raumheizung zuschaltet oder die Fenster zu den innen liegenden Räumen des Hauses öffnet.
Der zum Einstellen der Pflanzen gewählte Raum darf, wenn es sich um die einzige Überwinterungsmöglichkeit für alle Pflanzen handelt, weder zu kalt noch zu warm sein (mindestens 5°C, höchstens 15°C). Die genauen Überwinterungsansprüche sind im übrigen von Pflanze zu Pflanze sehr unterschiedlich und sollten am besten schon beim Kauf erfragt werden. Immergrüne und besonders sonnenliebende Pflanzen müssen hell stehen, während Laub abwerfende, ruhebedürftige und stark zurückgeschnittene Pflanzen einen dunkleren Ort akzeptieren. Idealerweise kann diesen verschiedenen Ansprüchen natürlich durch verschiedene Überwinterungsräume Rechnung getragen werden. Doch lassen sich die Wünsche der einzelnen Gewächse auch bis zu einem gewissen Grad in einem Raum erfüllen, indem etwa lichtbedürftige Pflanzen beim Fenster, andere in dunkleren Raumecken platziert werden. Im Winter muss – wenn auch zurückhaltender als im Sommer – ebenfalls regelmäßig gegossen werden. Nicht zuletzt zur Vermeidung von Schädlingsbefall ist für eine ausreichende (Stoß-)Lüftung zu sorgen. Ebenso müssen die Pflanzen besonders im Winterquartier immer wieder auf ihre Gesundheit

Eine Kompostmiete und ein fertiger, bereits genutzter Komposthaufen unter einer beschattenden Bluthasel.

hin kontrolliert werden. Dazu gehört es, welke oder kranke Teile schnellstmöglich zu entfernen und die Pflanzen in der Folgezeit aufmerksam zu beobachten. Bei vorhandenen ausgebreiteten Schadbildern sollte man biologische Spritzmittel einsetzen.

Guten Kompost selbst bereiten

Die Wahl des richtigen Standorts schafft die richtigen Bedingungen für den Ablauf der Zersetzungsprozesse. Dazu bedarf es eines schattigen Platzes ohne große Temperaturgegensätze und eines Windschutzes, damit der Kompost nicht austrocknet – etwa unter einem duldsamen kleinen Baum oder Strauch (nicht unter Birken!). Wichtig ist der direkte Kontakt des Komposts mit dem Erdreich, damit die Bodenlebewesen sich ohne Schwierigkeiten nach oben und unten bewegen können und die seitliche Belüftung, damit die Luftzufuhr ausreicht und keine Gärungsprozesse einsetzen. Fertig zu kaufende Schnellkomposter aus

Kunststoff, bei denen das Kompost-
gut oben eingefüllt wird, beschleu-
nigen den Rotteprozess erheblich
(ab ca. 8–10 Wochen bis 4 Monate).
Zudem sparen Schnellkomposter
durch die kurze Zersetzungszeit
Platz ein, was gerade für den kleinen Garten notwendige Grundbe-

dingung ist. Beim Kauf sollten Sie
darauf achten, dass der Behälter an
der Seite bei Bedarf abnehmbare
Luftklappen besitzt und später als
Ganzes abgenommen werden kann.

Was darf in den Kompost?

Im Grunde können dem Kompost
alle pflanzlichen Küchenabfälle beigegeben werden (Eierschalen vorher zerkleinern!). Grasabfälle sollten
Sie auf einem separaten, mit zer-
kleinertem Reisig durchmischten
Haufen ablagern. Alternativ können
mit dem Grasschnitt die Baum-
scheiben von Obstbäumen dünn
gemulcht werden.
Immer nur in kleinen Mengen beigegeben werden sollten stickstoff-
arme Zutaten wie Sägemehl und
Laub. Eichen- und Walnussblätter
enthalten wie auch die Borke vieler
Gehölze zuviel Gerbsäure. Dagegen
sind kleingehäckselte Äste unver-
zichtbarer Bestandteil jedes guten
Komposts.
Erkrankte Pflanzenteile bitte eben-
sowenig in den Kompost geben wie
Wurzelunkräuter, vor allem Quecke
und Giersch! Letztere sind zu erkennen an den weißen, fleischigen
Wurzeln, die sich im Komposthaufen meist nicht zersetzen und nach

dem Ausbringen im Beet wieder
ausgejätet werden müssen. Dass
tierische Essensreste wie Fleisch,
unverrottbare und schadstoffbelas-
tete Abfälle nicht in den Kompost
gehören, dürfte mittlerweile allgemein bekannt sein.
Einige natürliche Beigaben regen
den Kompostierungsprozess an, das
heißt also, sie veranlassen die im
Kompost enthaltenen organischen
Stoffe zur Bildung der gewünschten
Ton-Humus-Komplexe. Dazu kann
tonhaltige Gartenerde oder das
gleichzeitig säurepuffernde Stein-
mehl zugesetzt werden (ca. 5–9 kg
je m²). Alternativ lassen sich Tonmi-
nerale wie Bentonit einsetzen (ca.
10 kg je m²). Brennesseljauche oder
Beinwelljauche dienen als Stick-
stoffnahrung für Mikroorganismen.
Fertig angebotene Kompoststarter-
Präparate mit Mikroorganismen
oder Kräutermittel können ebenfalls eingesetzt werden. Im biolo-
gisch-dynamischen Gartenbau werden gerne in Wasser eingerührte
Schachtelhalm- oder Baldrianex-
trakte verwendet.
Beginnt man mit dem Ansetzen des
Komposts, sollte auf dem Boden
stets eine (etwa 25–30 cm hohe)
Schicht klein geschnittener Äste
und hierauf eine Lage pflanzliches
Material (z. B. pflanzliche Küchenabfälle, verwelkte Blumen) aufge-
bracht werden. Eine solche
Mischung kohlenstoffhaltiger (z. B.
alles aus Holz und Stroh) und stick-
stoffreicher Materialien (z. B. Gemü-
se- und Küchenabfälle, Mist) sollte
nach Möglichkeit durchgehalten
werden. Wichtig für den Ablauf des
Rotteprozesses ist auch die gute
Mischung aus groben, lockeren und
feinen bzw. dichteren Materialien.
Astschnitt sorgt für eine gute
Durchlüftung des Komposts. Durch
die entsprechende Materialmi-
schung kann auch die Feuchte des
Komposts geregelt werden, der

weder vernässen noch austrocknen darf.

Der gemischte Schichtenaufbau kann dann optimal erfolgen, wenn er in einem Stück – bis zu einer Höhe von etwa bis 1,30 m – aufgeschichtet wird. Es kommt allerdings weniger darauf an, dass immer peinlich genau die gleichen Schichthöhen und -reihenfolgen eingehalten werden, sondern dass das Aufbauprinzip, die Materialien, Luftzufuhr und Feuchtigkeit im Grundsatz stimmen.

Der zum Düngen bestimmte sogenannte halbreife Kompost oder Nährhumus kann unter günstigen Bedingungen bereits in etwa zwei Monaten fertig sein, während der zur Bodenverbesserung eingesetzte reife Kompost oder Dauerhumus dafür ein halbes Jahr oder länger benötigt. Halbreifer Kompost enthält noch unzersetzte Pflanzenteile und viele Regenwürmer, die fleißig ihre Arbeit tun. Dagegen sind beim reifen Kompost die Rotteprozesse weitgehend abgeschlossen, er sieht im Grunde wie normale, gute Gartenerde aus.

Gesunde Pflanzen durch biologischen Pflanzenschutz

Die meisten Pflanzenkrankheiten lassen sich bereits durch die richtige Wahl des Standorts und gute Bodenpflege vermeiden. Ferner helfen auch die Einhaltung ausreichender Pflanzabstände und die Vermeidung von Monokulturen dabei, das Auftreten von Schädlingen und Krankheiten im Griff zu behalten. Die regelmäßige Beobachtung der eigenen Pflanzen ist ebenfalls ein wichtiger Bestandteil des biologischen Pflanzenschutzes. So können Krankheiten und Schädlinge frühzeitig erkannt und die befallenen Teile entfernt werden. Auch für Krankheiten ursächliche Standortprobleme lassen sich durch intensive Beobachtung feststellen. Sogar bei fortgeschrittenem Befall ist dies hilfreich, denn je früher er erkannt wird, desto leichter kann man ihm auch mit biologischen Mitteln beikommen.

Obstbäume werden z.B. vor Frostspannern geschützt, indem man im Herbst Leimringe um die Stämme legt. Diese Leimringe gibt es fertig zu kaufen.

Gegen Schneckenfraß helfen am besten sogenannte Bierfallen. Hierzu werden einfach an verschiedenen Stellen alte Gläser oder Joghurt-Becher bis zum Rand in der Erde eingegraben und mit Bier gefüllt. Ein weiteres Abwehrmittel ist das Ausstreuen von – möglichst breiten – Abwehrbarrieren aus scharfkantigem Quarzsand. In größeren Mengen auftretende Ameisen und Wespen können in mit Zuckerwasser gefüllten Flaschen gefangen werden, die aufgestellt oder aufgehängt werden können.

Ansonsten gilt es, durch die Anlage von Holzstapeln, Laub- und Reisighäufen, die Pflanzung von Tiernährgehölzen und Nistmöglichkeiten so viele Nützlinge wie möglich im Garten heimisch zu machen. Läusevertilgende Ohrwürmer können beispielsweise in mit Holzwolle gefüllten Tontöpfen heimisch gemacht werden, die im Geäst hängen.

Solange sich die Blütenknospen noch nicht geöffnet haben, lassen sich Läuse einfach abbrausen.

Zwischenpflanzungen mit Knoblauch und Zwiebeln vermindern das Auftreten von Echtem Mehltau. Zwiebeln beugen ferner neben Erdbeeren gepflanzt Pilzerkrankungen, neben Karotten dem Befall durch die Möhrenfliege vor. Teppichpflanzungen mit Studentenblumen (Tagetes) vertreiben die vor allem Rosen schädigenden Bodenälchen (Nematoden), nahe gepflanzter Lavendel hält Blattläuse fern. Kapuzinerkresse als Bodendecker – etwa unter Obstbäumen – wirkt abschreckend auf Blutläuse. Pflanzen Sie Bohnenkraut zu Buschbohnen, schrecken Sie damit schwarze Läuse ab. Auch stark aromatisch duftende Kräuter können in begrenztem Umfang Schädlingsbefall vermindern.

Zur Stärkung der pflanzlichen Widerstandskraft tragen eine Reihe von pflanzlichen Jauchen, Tees oder Brühen bei. Daneben beugen einige selbstgemachte Pflanzenschutzmittel aber auch dem Befall durch Insekten, Läuse und Pilzerkrankungen vor oder dämmen diesen stark ein. Im Bio-Fachhandel werden verschiedene Fertigpräparate angeboten. In Drogerien kann man Schmierseife (Weinbergseife) bekommen. Schmierseifenlösungen werden gegen Läuse gespritzt.

Die folgende Tabelle gibt eine Übersicht empfehlenswerter, vielfach bewährter Rezepte zum Selbermachen.

Ökologische Spritzmittel wirken vor allem gegen Läuse und andere tierische Schädlinge oder zur Vorbeugung gegen Pilzkrankheiten. Ausgebrochene Pilz- und Viruserkrankungen müssen durch das Entfernen der betroffenen Teile und das Abklauben erkrankter Teile vom Erdboden zurückgedrängt werden.

Brennnesseln bieten nicht nur Läusevertilgern Unterschlupf, sondern aus ihnen kann man auch eine biologische Spritzbrühe gegen Blattläuse herstellen.

Bio-Spritzbrühen selbst herstellen

Bezeichnung	Wirkung	Zutaten auf 10 l Wasser/ Zubereitung/ Anwendung
Schachtelhalm-Brühe	zur Vorbeugung gegen Pilzerkrankungen (Mehltau, Schorf, Rost, Blattfleckenkrankheit etc.)	1 kg frisches Kraut oder 150 g getrocknet, ggf. mit Brennnesseln gemischt, in abgestandenem oder Regenwasser einweichen, 24 Stunden stehen lassen, aufkochen, 1/2 Stunde köcheln, abkühlen lassen, durchsieben, ggf. verdünnen
„Beißende Brennnesselbrühe"	gegen Blattläuse	1 kg frische oder 150 g getrocknete Brennnesseln 12–24 h in kaltem Wasser ansetzen, dann sofort und unverdünnt über die Blätter sprühen
Zwiebel-Knoblauch-Jauche/-Brühe	vorbeugend gegen Pilzerkrankungen (vor allem Kartoffel, Erdbeere);	1 kg Zwiebeln, mehrere Knoblauchzehen für Jauche mit Wasser als Brühe gegen Blattläuse ansetzen, 2–3 Wochen gären lassen, 1:10 verdünnen; für Brühe kochen und 24 h stehen lassen, unverdünnt über die Blätter sprühen

Die Spritzmittel werden am besten mit einer Rückenspritze ausgebracht, die ein ausreichend großes Fassungsvermögen aufweist. Wichtig ist, dass die Düse einen feinen Sprühnebel erzeugt und damit keine Pflanzenteile unbenetzt bleiben. Diese Methode ist dem Gießen unbedingt vorzuziehen.

Die schönsten Sträucher für kleine Gärten

Pflanzenname	Wuchshöhe	Blüte/Frucht	Standortansprüche	Blattkleid
Sommergrüne Azaleen-Hybriden	bis ca. 2 m	Blüten meist gelb, orange oder rot, April–Mai	bevorzugen saure Böden und Halbschatten Halbschatten	Blätter
Japanische Azaleen	bis ca. 1 m	Blüten blau, violett, rosa bis karmin, Mai–Juni	bevorzugen saure Böden und Halbschatten	Blätter immergrün
Acer japonicum 'Aconitifolium'/ Japanischer Ahorn	bis ca. 3 m	Blüten purpurrot, im Mai	bevorzugt feuchten Boden und geschützten Standort, in Sonne bis Halbschatten in Sonne bis Halbschatten	Blätter sommergrün, rote Herbstfärbung
Buxus/ Buchsbaum	bis ca. 6 m, aber gut schnittverträglich; Einfassungs-Buchs unter 1 m Höhe	Blüten gelblich, unauffällig	bevorzugt leichte, kalkhaltige Böden; Sonne bis Vollschatten	Blätter immergrün
Caryopteris clandonensis/ Bartblume	bis ca. 1 m	Blüten violett-blau, August–September	bevorzugt leichte, humose Böden und volle Sonne	Blätter sommergrün, grau-grün
Chaenomeles/ Zierquitte	1–2 m hoch und breit	Blüten rot, apricot oder weiß; Mai–Juni; apfelähnliche Früchte	anspruchslos an den Boden; volle Sonne	Blätter sommergrün, glänzend
Corylopsis pauciflora/ Scheinhasel	bis ca. 1,5 m	Blüten hellgelb; Frühblüher im März/April	bevorzugt feuchte, humose Böden in Sonne bis Halbschatten	Blätter sommergrün, attraktive Herbstfärbung
Cydonia oblonga/ Quitte	ca. 3–4 m	Blüten rosa-weiß, kelchförmig; Mai–Juni; Früchte intensiv gelb, birnenförmig	bevorzugt warme, nicht zu trockene Böden mit ph-Wert unter 6; volle Sonne	Blätter sommergrün
Cytisus x praecox/ Ginster	1–2 m	Blüten gelb, rosa oder karminrot	bevorzugt leichte (bis mittelschwere), durchlässige Böden; volle Sonne	Blätter sommergrün
Deutzia gracilis/ Zierliche Deutzie	ca. 1 m	Blüten weiß; Mai–Juni	wenig anspruchsvoll an den Boden; Sonne bis Halbschatten	Blätter sommergrün
Enkianthus campanulatus/Prachtglocke	bis ca. 2 m	Blüten weiß/ rötlich; Mai	bevorzugt saure, humose und nährstoffreiche Böden; Halbschatten	Blätter sommergrün
Euonymus alatus/ Flügelspindelstrauch	bis ca. 2 m	Blüten gelblich-grün, unauffällig	anspruchslos an den Boden; Sonne bis Halbschatten	Blätter sommergrün, attraktive Herbstfärbung
Euonymus fortunei vegetus/Immergrünes Pfaffenhütchen	bis ca. 1 m; auch kletternd	unauffällige Blüte, attraktive Frucht	anspruchslos an den Boden; Sonne bis Schatten	Blätter immergrün
Hibiscus syriacus/ Eibisch, Hibiskus	bis ca. 2 m	Blüten weiß, rosa, blau oder violett; ab Juni/Juli bis September	bevorzugt humose, nährstoffreiche Böden; volle Sonne	Blätter sommergrün
Hydrangea paniculata 'Grandiflora'/ Rispenhortensie	bis ca. 2 m	Blüten weiß bis rosa-weiß; August	bevorzugt feuchte, humose Böden und Halbschatten	Blätter sommergrün
Hydrangea aspera sargentiana/ China-Hortensie	bis ca. 2 m	Blüten weiß/hell violett, Juli–September	bevorzugt feuchte, humose Böden und Halbschatten	Blätter sommergrün
Magnolia soulangiana 'Nigra'/Tulpen-Magnolie	bis ca. 3 m	Blüten tief purpurrot; April–Mai	bevorzugt humose, nährstoffreiche, feuchte und leicht saure Böden; volle Sonne	Blätter sommergrün
Magnolia stellata/ Stern-Magnolie	bis ca. 3 m, langsam wachsend	Blüten weiß; März–April	bevorzugt humose, nährstoffreiche, feuchte und leicht saure Böden; volle Sonne	Blätter sommergrün
Perovskia abrotanoides/ Blauraute, Perowskie	bis ca. 1 m	Blüten hell violett; August–Oktober	ohne große Ansprüche an den Boden, falls nicht zu nass; volle Sonne	Blätter sommergrün; grau-grün
Prunus laurocerasus/ Kirschlorbeer	je nach Sorte 1 bis 3 m hoch	Blüten weiß; Mai–Juni, teils Nachblüte im Herbst; Früchte purpurrot bis schwarz, klein	bevorzugt feuchte, humusreiche und kalkarme Böden; Halbschatten bis Schatten	Blätter immergrün
Prunus triloba/ Mandelbäumchen	bis ca. 2 m	Blüten rosa; April/Mai	bevorzugt kalkhaltige nicht zu schwere Böden ohne Staunässe; volle Sonne	Blätter sommergrün
Rhododendren	je nach Gruppe ca. 1–2,5 m hoch	Blütenfarbe je nach Art/Sorte; April–Juni	bevorzugen saure Böden (ph-Wert unter 5) und Halbschatten	Blätter meist immergrün

Unter den Stauden hat der Besitzer eines kleinen Gartens bezüglich ihrer Wuchshöhe eine fast unbegrenzte Auswahl. Auf Stauden, die sich stark ausbreiten (z. B. Goldfelberich, Goldraute) sollte man in kleinen Gärten aber lieber verzichten oder sie in Gefäße pflanzen, die ihrem Wachstum Grenzen setzen. In kleinen Gärten sind teils besondere, relativ extreme Standortfaktoren einzukalkulieren. Kleine Gärten sind häufig besonders schattig, Dachterrassen jedoch oft sehr gut besonnt und vor allem für lichthungrige Gewächse bestens geeignet. Für beide Standortvarianten halten die folgenden Tabellen nützliche Pflanzentipps bereit.

Die besten Stauden für schattige Gärten

Pflanzenname	Standortansprüche	Blütenfarbe/Blütezeit	Wuchs/Blattwerk
Akelei	nährstoffreiche, humose, wenig durchwurzelte Böden, kalkliebend, Nachkommen durch Selbstaussaat	violettblau, weiß, blauweiß, rosa u. a. m; Mai–Juni	ca. 50 cm, horstig, aufrecht
Astilbe (Prachtspiere)	Nährstoffreiche, humose, kaum durchwurzelte Böden	weiß, violettrosa, rosa bis rubinrot; ab Juni	diverse Arten und Sorten von ca. 40 cm bis ca. 110 cm, Blättchen gesägt
Bergflockenblume	humus- und nährstoffreiche, kaum durchwurzelte Böden, Schnittblume, zusammen mit Weiß- oder Rotdorn und einjährigem Vergissmeinnicht pflanzen	blau, blauviolett Mai (–August)	ca. 50 cm, Blatt länglich, graugrün
Christrose (Helleborus niger/ H. x hybridus)	humusreiche Böden, mag kalkhaltige Erde, Wildform besonders wertvoll wegen sehr früher Blüte, am besten mit Wildgehölzen pflanzen, nicht hacken!	weiß/purpurrot-weißlichrosa Dezember–März/März–April	ca. 30 cm, buschig, Blätter winter-/immergrün
Eisenhut (Aconitum napellus und A. x arendsii)	gute, humose, frische bis feuchte Böden, nicht austrocknen lassen! giftig!	violettblau, weiß Juli–August/September–Oktober	über 100 cm, aufrecht, Blatt handförmig geteilt
Farn	braucht humose, nährstoffreiche Böden sowie luft- und bodenfeuchte Standorte, zusammen mit anderen Waldpflanzen verwenden! Einzigartige Blattwirkung	–	je nach Gattung und Art 20 bis über 100 cm, Blätter gefiederte Wedel, teils den Winter überdauernd
Fingerhut (Digitalis purpurea)	kalkarme, nährstoff- und humusreiche, feuchte Böden; Pflanze ist zweijährig, sät sich an richtigem Standort oft selbst aus; da heimische Waldpflanze zusammen mit Farnen pflanzen; giftig!	rosa, rot, innen gefleckt, Juni–Juli	ca. 150 cm, horstartig, Blatt eiförmig-lanzettlich, graugrün
Fingerhut (Digitalis grandiflora)	kalkhaltige, nährstoff- und humusreiche Böden; giftig!	gelb Juni–Juli	ca. 60 cm, horstartig
Frauenmantel (Alchemilla mollis)	recht anspruchslos/bei langer Trockenheit gießen, wolkenartige Blüten, gut als Rabatteneinfassung, mit Rosen	gelblichgrün Juni–Juli	ca. 40 cm, Wuchs kräftig, buschig, Blatt kreisförmig, gefaltet, rauh
Funkie	braucht nährstoffreiche Böden, sehr schön auf Rabatten, mit Gehölzen, zusammen mit hohen Astilben, Herbst- oder Japananemone pflanzen! Viele Blattvarianten (u. a. blaugrün o. weißbunt)	weiß, (hell), blauviolett, Juli/August	ca. 30–60 cm (je nach Art)
Gefleckte Taubnessel	Humusreiche, feuchte Böden, als Flächendecker unter Gehölzen verwenden (nicht wuchernd)!	rosa, purpur; April–September	ca. 25 cm; Blatt rauh, weiß-silbrig gefleckt, wintergrün
Geissbart	humose, feuchte Böden, Standorte mit ausreichender Luftfeuchte; Nachkommen durch Selbstaussaat; zusammen mit Kletter- oder Strauchrosen pflanzen!	gelblichweiß; Juni–Juli	ca. 150 cm, horstig, große Büsche bildend; Blatt zwei- bis dreifach gegliedert, Blättchen gesägt
Günsel	kalkhaltige, humose Böden	blau Mai–Juni	ca. 15 cm, kriechender Flächendecker; Blatt spatel-förmig, wintergrün
Herbstanemone	nährstoffreiche, humose Böden; zusammen mit Eisenhut pflanzen	violettrosa, August–September	ca. 100 cm, buschig, Gruppen bildend; Blatt dreizählig, dreilappig
Immergrün (Vinca minor)	braucht humusreiche Böden, Flächendecker	blau April–Mai	ca. 10 cm; Blatt länglich-lanzettlich, immergrün
Japan-Anemone	nährstoffreiche, humose Böden; zusammen mit Eisenhut pflanzen!	weiß, rosa, purpurrot August–Oktober	ca. 120 cm, buschig, Gruppen bildend; Blatt dreizählig, dreilappig
Kaukasus-vergissmeinnicht	humose, gut durchlässige Böden; Boden locker halten, aber Wurzelbereich schonen; zusammen mit Rosa hugonis pflanzen!	blau April–Juni	ca. 50 cm, buschig; Blatt breit herzförmig
Schaumblüte	humusreiche, frische Böden; Flächendecker (nicht wuchernd); unter Gehölzen mit nicht zu dichtem Wurzelwerk pflanzen!	weiß, hellrosa Mai–Juni	ca. 20 cm; Blatt herzförmig, gelappt, im Herbst rot gefärbt
Sterndolde	humose, frische bis feuchte Böden; zusammen mit Rosen und Frauenmantel pflanzen, Boden feucht halten!	weiß, rosa; Juni–Juli	ca. 60 cm, horstartig buschig; Blatt handförmig gelappt
Tränendes Herz	nährstoffreiche und humose, kaum durchwurzelte Böden; gut an Natur- oder Backsteinmauern, zusammen mit Scilla und Traubenhyazinthen pflanzen; Bauerngartenpflanze	rosa, weiß; April–Mai	ca. 60 cm, Blatt lang gestielt, blaugrün; Pflanze zieht nach der Blüte ein
Waldglockenblume	humusreiche, feuchte Böden, an Standort mit ausreichender Luftfeuchte; zusammen mit Fingerhut pflanzen!	dunkelviolett Juni–Juli	ca. 100 cm, straff aufrecht; Blatt unregelmäßig eirund

Pflanzenname	Standortansprüche	Blütenfarbe/Blütezeit	Wuchs/Blattwerk
Waldmarbel	kalkarme, frische, humusreiche Böden, unter Gehölzen und mit großblättrigen Stauden (z. B. Funkien) pflanzen!	braun; Mai–Juni	ca. 20 cm(Blatt)/ca. 60 cm (Blütenschäfte); Blatt breit-linealisch, immergrün
Waldsegge	humose, auch durchwurzelte Böden für naturnahe Pflanzungen	gelblich; Mai–Juni	Blatt ca. 20 cm, Blütenstiele ca. 50 cm, Blatt schmal lanzettlich
Waldsteinie (Waldsteinia ternata)	mäßig feuchte bis trockene Böden; Flächendecker; vor Kaukasus-Vergissmeinnicht pflanzen!	gelb; April–Mai	ca. 10 cm; Blatt rundlich, immergrün
Wiesenraute	nährstoffreiche, feuchte, saure Böden, als Gehölzunterpflanzung einsetzen!	hell violett, weiß, gelblich	ca. 180/100 cm, horstig buschig

Die schönsten Kübelpflanzen für sonnige Sitzplätze, Terrassen und Balkone

Pflanzenname	Blütenfarbe	Blütezeit/Fruchtreife	Verwendungstipps/Hinweise
Bleiwurz	hellblau, weiß	Juni–Oktober	wertvolle, reichblühende Pflanze, dankbar für windgeschützten Standort; alte Blüten entfernen, in der Wachstumszeit reichlich gießen und düngen, hell und trocken überwintern, vorher Rückschnitt
Bougainvillea	violett, weiß, gelb bis dunkelrot, karminrot	Mai–August	braucht im Winter kühlen, hellen Standort, zur Blütezeit gut düngen und gießen, aber empfindlich gegen Staunässe, Kletter-hilfe erforderlich
Brautmyrte	weiß	Sommer	in Wachstumszeit regelmäßig gießen und düngen, empfindlich gegen Staunässe und Ballentrockenheit sowie zu kalkiges Gieß-wasser, hell und kühl überwintern
Duft-Pelargonie	meist weiß, rosa, hellviolett	Sommer	wunderbare, intensiv duftende Pflanze für verschiedenste Größen von Pflanzgefäßen (je nach Art), zurückhaltender Wuchs
Echter Kapernstrauch	weiß	Sommer	braucht kalkreiche, durchlässige Substrate, frostempfindlich, schön durch hängende Zweige, Früchte nutzbar
Engelstrompete (Stechapfel)	verschiedenste Pastelltöne, dunkelblau	dauerblühend	schöne, hängende Trompetenblüten, Halbschatten vertragend, giftig
Feige	unscheinbar	Blüte und Fruchtreife unregelmäßig	kandelaberartiger, knorriger Wuchs, baldachinartige, handförmige Blätter, Früchte wohlschmeckend, im Sommer reichlich gießen und düngen, verträgt einige Minusgrade
Granatapfelbaum (Ziersorten)	rot, gelb, weiß	Juli–August	glockenförmige Blüten, apfelähnliche Früchte; bis Juli reichlich gießen und regelmäßig düngen, dann trockener halten; blüht am diesjährigen Holz; vor der Überwinterung Rückschnitt
Lagerstroemie	weiß, rosa rot, violett	August–Oktober	braucht etwas Platz und warmen Standort zur Blütenentwicklung, empfindlich gegen Ballentrockenheit und Staunässe, verträgt einige Minusgrade, vor dem Überwintern zurück schneiden
Oleander	karminrot bis hellrosa, weiß	Juni–September	auch in Einzelstellung, besonders vor weißen Mauern, anfällig für Schildlausbefall, verträgt einige Minusgrade, giftig
Orangenbaum	weiß	ganzjährig, Fruchtreife ab Spätsommer	zur Betonung von Mittelpunkts- und Durchgangssituationen, als Solitär, braucht etwas Platz und viel Licht, frostempfindlich
Pelargonie (P. peltatum, P. zonale)	rot, rosa, weiß, violett	im Sommer dauerblühend	in Tonkästen, in hängenden Töpfen (am besten an weißen Mauern), in größeren Gefäßen gut mit blauen Winden
Schmucklilie	blau, weiß	Juli–August	malerische Pflanze, überhängender Wuchs, am besten mit Oleander und Bleiwurz, vor Wasserbecken
Schwarzäugige Susanne	gelb, orange, weiß	Mai/Juni–Oktober	bei uns einjährig, in Gefäßen an Haltestäben, Winder, viel gießen, aber empfindlich gegen Staunässe
Strauchmargerite	weiß, gelb	dauerblühend	im Handel meist als Stämmchen, gut zu überwintern (hell und kühl), frostempfindlich, zur Wachstumszeit reichlich gießen und düngen
Winde	weiß, rosa, hell blauviolett	Mai–Oktober	besonders gut als Hängepflanze, braucht ansonsten Kletterhilfe
Zierbanane			wüchsig, prächtiges Blattwerk, in der Wachstumszeit reichlich gießen und düngen, im Winter mäßig gießen (nicht ins Herz), einige Minusgrade vertragend
Zitronenbaum	weiß	ganzjährig, Fruchtreife ab Spätsommer	sehr gut mit Orangenbäumen, vielseitig kombinierbar (zur Zeit der Fruchtreife vor allem zusammen mit blaublühenden Gewächsen), frostempfindlich, braucht viel Licht
Zwergpalme	cremeweiß	Frühjahr	wertvoll durch Fächerblätter und buschigen Habitus; dornige Blattstiele
Zwerg-Sonnenblume	gelb	uli–Oktober	hervorragend geeignet für kleine Balkonkästen und Gefäße

Literaturverzeichnis

Frank von Berger: Kletterpflanzen:
die besten Arten für Garten, Balkon und Terrasse. Augsburg 1999.

Kerstin Boschütz und Johannes
Schmidt (Hg.): Gärten phantasievoll gestalten. München 1999.

Franz Ehmke u. a.: Schatten im
Garten. Stuttgart 1989.

Francesca Greenoak: Gartenträume.
Ideen zum Nachahmen und Ver-
lieben. Stuttgart 1989.

Julie Harrod: Blühende Garten-
mauern, Zäune und Hecken:
phantasievoll planen und be-
pflanzen. Köln 1992.

Halina Heitz: Balkon- und Kübelpflanzen. München 1991.

Penelope Hobhouse: Die Kunst der
Gartengestaltung. Köln 1989.

Elisabeth de Lestrieux: Gartenglück.
40 Ideen für schönere Hausgär-
ten. Stuttgart 1987.

Gilly Love: Kreative Ideen für Balkon
und Terrasse. Köln 1999.

Mary Keen: Mein Gartenparadies.
München 1997.

Sarah Raven: Frisch gepflückt: Mein
Blumengarten. Köln 1998.

David Stevens: Kleine Gärten und
Innenhöfe. München 1987.

Roy Strong: Kleine Gärten ganz
groß. München 1988.

Verlagsgesellschaft 'Grün ist Leben'
Baumschulen (Hg.): BdB Hand-
buch, Teil I-IX, 11 Bde., Pinneberg
1998.

Hilfreiche Adressen und Bezugsquellen

Im folgenden sind Anbieter und
Unternehmen genannt, bei denen
interessante Pflanzen und Produkte
erworben bzw. bestellt werden können oder die Aufträge im Bereich
Gartengestaltung übernehmen.

Ahrens und Siebertz
Versand-Gärtnerei
Obstgehölze, Gemüse und Salat,
ein- und zweijährige Blütenpflan-
zen, Zwiebelpflanzen, Stauden,
Gehölze
D – 53718 Siegburg-Seligenthal
Tel.: 0 22 42 / 88 91 11
Fax: 0 22 42 / 88 91 88

Camphill Werkstätten Lehenhof
unter anderem witterungsbestän-
dige Holzklappmöbel und Holzlat-
tenroste
D – 88693 Deggenhausertal
Tel.: 0 75 55 / 8 01-0
Fax: 0 75 55 / 80 11 35

Country Garden
Möbel und Gartenausstattung
Christel Plasa
Auf den Beeten 12
D – 72119 Ammerbuch
Tel.: 0 70 73 / 23 72
Fax: 0 70 73 / 72 26

Einrichtungen GmbH
neben Gartenmobiliar auch schöne
Pflanzgefäße, Becken, Rosenbögen,
Gartengeräte und nützliche Aus-
rüstung (z. B. Stäbe zum Anbinden,
Pflanzschnüre, Apfel-Horden etc.)
Kiehnwiese 1
D – 21039 Escheburg b. Hamburg
Tel.: 0 41 52 / 92 52 00
Fax: 0 41 52 / 92 52 50

Habitat Deutschland GmbH
Schadow Arkaden,
Berliner Allee 15,
D – 40212 Düsseldorf,
Tel. 02 11 / 86 50 90
Fax: 02 11 / 13 50 14
Adresse Katalogversand:
Postfach 5463
D – 65729 Eschborn
Tel.: 0 61 96 / 9 30 63 42

**Klaus Heim Baumschulen –
Staudengärtnerei – Garten- und
Landschaftsbau**
Gehölze und Stauden für Freiland
und Gefäßkultur, Ausführung von
Pflanz- und Pflasterarbeiten
Kalterer Str. 10
D – 86165 Augsburg
Tel.: 08 21 / 7 11 62
Fax: 08 21 / 71 75 98

Hof Art Einrichtung
Holzgartenmöbel, Terracotta, Acces-
soires – Studioausstellung
Bahnhofstr. 16-18
D – 82269 Geltendorf
Tel.: 0 81 93 / 95 02 63
Fax: 0 81 93 / 95 07 83

Holz & Raum
Rankgitter, Pergolen, Palisaden, Gar-
tenbauhölzer, Blumenkästen etc.
aus Holz (chromfrei imprägniert).
Postfach 970
D – 57407 Finnentrop
Tel.: 0 23 95 / 10 81
Fax: 0 23 95 / 1 69 15

Kölnberger GmbH
Gut Hausen
Antike Böden, Natursteinböden –
auch für draußen
Hausener Gasse
D – 52072 Aachen
Tel.: 02 41 / 1 32 71 oder 01 72 24 / 1 32 71
Fax: 02 41 / 17 52 55

Krieger Gewächshauscenter
Gewächshäuser, Frühbeetkästen,
Blumenfenster und Zubehör
Gahlenfeldstr. 5
D – 58313 Herdecke
Tel.: 0 23 30 / 80 06 60
Fax: 0 23 30 / 80 08 80

W. Kordes Söhne
insbesondere Rosen sowie Blüten-
sträucher, Kletterpflanzen, Stauden
und Beerenobst
D – 25365 Klein Offenseth-Sparries-
hoop
Tel.: 0 41 21 / 48 70-0
Fax: 0 41 21 / 8 47 45

Mario Mariani
Artigiano Terrecotte
Hochwertige Platten und Gefäße
aller Größen aus Terracotta
Via Cappello, 29
I – 50023 Impruneta (Firenze)
Tel.: 00 39 0 55 / 2 01 19 50
Fax: 00 39 0 55 / 2 01 11 32
(es empfielt es sich, Anfragen und
Bestellungen in italienischer Spra-
che an das Unternehmen zu rich-
ten)

Münzenloher
Einrichtung – Gestaltung – Hand-
werk
Alte Säulen, Becken u. a. Gartenaus-
stattung, alte und neue Möbel, Ein-
richtungsplanung
Furt 1
D – 84405 Dorfen
Tel.: 0 80 81 / 5 71
Fax: 0 80 81 / 18 40

Naturstein Vonderhecken
Natursteinhandel, Pflasterbetrieb,
antikes Baumaterial und Marmor-
werk
Aachener Str. 39
B – 4731 Eynatten
Tel.: 00 32 / 87 86 66 40
Fax: 00 32 / 87 85 22 34

Sapristi Möbel
Antje Salup
Mobiliar für drinnen und draußen
aus Robinienholz
Hauptstr. 14
D – 55595 Wallhausen
Tel.: 0 67 06 / 60 18
Fax: 0 67 06 / 16 80

**Terra Cotta Handels-Gesellschaft
mbH**
Exklusive Baustoffe aus Ton
Objektberatung – Werkslager für
Cotto
Starzelstr. 38–40
D – 72412 Rangendingen
Tel.: 0 74 71 / 9 82 22
Fax: 0 74 71 / 9 82 24

Unopiu Deutschland
Möbel, Einrichtungsbedarf, Garten-
ausstattung
Am Dornbusch 24–26
D – 64390 Erzhausen
Tel.: 0 61 50 / 9 75 30
Fax: 0 61 50 / 99 09 83

Alain Vagh Céramique
Platten, Fliesen und Keramik aus
Ton
Route d'entrecasteaux
F – 83690 Salernes
Tel.: 00 33 / 4 94 70 61 85
Fax: 00 33 / 4 94 67 52 78
Tel.: Vertretung Berlin 0 30 / 3 15 24 78

**Weishäupl Möbelwerkstätten
GmbH**
Möbel und Accessoires für Sitzplatz
und Terrasse
Neumühlweg 9
D – 83071 Stephanskirchen
Tel.: 0 80 36 / 90 68-0
Fax: 0 80 36 / 12 56

Register